学前教育专业"岗课赛证"融通教材 ｜ 总主编 杨莉君

手工
与玩教具
制作

组　编◎湖南省学前教育学会

主　编◎曾新华　何慧春　谭　芳

副主编◎陈　郁　王会娟　魏张燕

　　　　唐爱群　黄　颂

参　编◎粟　麟　冷　婷　王艺伟

　　　　谢　莹　张泉瑾

主　审◎罗　聪

湖南大学出版社
·长沙·

图书在版编目（CIP）数据

手工与玩教具制作 / 湖南省学前教育学会组编；曾新华，何慧春，谭芳主编. — 长沙：湖南大学出版社，2023.8（2025.1重印）

学前教育专业"岗课赛证"融通教材 / 杨莉君总主编

ISBN 978-7-5667-3092-3

Ⅰ.①手… Ⅱ.①湖… ②曾… ③何… ④谭… Ⅲ.①幼儿园—自制玩具—幼儿师范学校—教材 ②幼儿园—自制玩具—幼儿师范学校—教材 Ⅳ.①G614

中国国家版本馆CIP数据核字（2023）第118337号

手工与玩教具制作
SHOUGONG YU WANJIAOJU ZHIZUO

组　　编：	湖南省学前教育学会
主　　编：	曾新华　何慧春　谭　芳
责任编辑：	申婉莹
印　　装：	长沙市雅高彩印有限公司

开　　本：787 mm×1092 mm　1/16　　　印　张：13　字　数：282千字

版　　次：2023年8月第1版　　　　　　印　次：2025年1月第3次印刷

书　　号：ISBN 978-7-5667-3092-3

定　　价：65.20元

出 版 人：李文邦

出版发行：湖南大学出版社

社　　址：湖南·长沙·岳麓山　　　　　　邮　编：410082

电　　话：0731-88822559（营销部）　　88649149（编辑部）　　88821006（出版部）

传　　真：0731-88822264（总编室）

网　　址：http://press.hnu.edu.cn

学前教育专业"岗课赛证"融通教材
编 委 会

主 任

彭世华　张　华

副 主 任

江来登　高金平　李　毅　王玉林　石纪虎

孙　彤　李来清　李　武　汪华明　姜永红

李梦醒

编　　委（排名不分先后）

宋祖荣　曾健坤　王志平　何仙玉　李云莲

许明奇　林祥春　周述贵　文孟飞　颜　玲

李小毛　李　辉　刘东航　曹三妹　钟　林

赵艳红　王淑一　李吉珊　伍　晔　潘伟峰

黎　斌　陈　威

总 主 编

杨莉君

副总主编

路　奇　万湘桂

总　 审

皮军功

副 总 审

张晓辉　康　丹

序

学前教育是终身教育的开端，关系亿万儿童的健康成长、千家万户的切身利益、国家和民族的未来。百年大计，教育为本；教育大计，教师为本。促进学前教育健康发展，关键在于建设一支高素质的幼儿园教师队伍。2018年中共中央、国务院出台的《关于全面深化新时代教师队伍建设改革的意见》指出：教师承担着传播知识、传播思想、传播真理的历史使命，肩负着塑造灵魂、塑造生命、塑造人的时代重任，是教育发展的第一资源，是国家富强、民族振兴、人民幸福的重要基石。为深入贯彻落实中央精神，湖南省印发了《湖南省学前教育发展提升行动计划（2022—2025年）》，要求对接各地教师需求，定向培养专科及以上层次学前教育教师，全力满足农村和欠发达地区对幼儿园教师公费师范生的培养需求；指导高校完善培养方案，注重培养学生观察了解儿童、支持儿童发展的实践能力，提高幼儿园师资培养培训质量。

培养高素质的幼儿园教师，加强课程和教师队伍建设是基础。2019年国务院《国家职业教育改革实施方案》提出了"三教"改革的任务。而其中教材是育人之纲，是改革的基础，是教师实施教学改革的重要载体和有效途径。教育部《职业教育提质培优行动计划（2020—2023年）》强调，要完善职业教育教材规划、编写、审核、选用使用、评价监督机制。2021年教育部《"十四五"职业教育规划教材建设实施方案》强调教材建设的权威性、前沿性、原创性，要打造培根铸魂、启智增慧、适应时代要求的精品教材。当前，学前教师教育教材虽然品种丰富，但是随着国家政策的调整、职业教育理念的变化及学科的飞速发展，在一定程度上存在理念落后、体系陈旧等问题。例如：以学科为中心的理论教材过剩，以学生为本、对接岗位的"岗课赛证"融通教材缺少；传统纸质教材过剩，媒体融合的新形态教材缺少。

有鉴于此，我们和湖南大学出版社设立课题组，组织学前师范院校的知名专家学者、幼儿园园长编写了这套学前教育专业"岗课赛证"融通教材。从总体上来看，这套教材有如下特点：

一是全面研究设计，系统规划建设。即从研制人才培养方案着手，研究确定了毕业生的培养要求、专业课程设置和课程标准，以及配套的课程教学资源与课程试题库、幼儿园教师资格考试试题库。

二是坚持立德树人，强化课程思政。本系列教材的编写坚持立德树人根本任务，厚植爱国情怀，以铸就师德师魂，培养适应新时代社会发展需要的卓越幼儿园教师为目标。教材内容的选择充分体现了社会主义核心价值观，突出学前教育在国民教育中的基础性作用。

三是对接岗位需求，做到"双元"合作开发。教材以幼儿园教师工作岗位为起点，将岗位人才需求落实在教材中，把幼儿园的典型工作任务、幼儿园的真实工作情境和幼儿园工作的经典案例引入教材。坚持园校"双元"开发，以模块式教学和案例学习为主。

四是倡导岗课赛证，力争互融互通。教材内容与幼儿园对教师能力与素质的要求完全一致，涵盖一日活动、游戏活动、保教活动等幼儿园教育全过程；与幼儿园教师资格考试大纲中的专业知识、保教能力、职业道德等考点相契合，设置"考点聚焦"栏目。同时，将学生技能竞赛项目等内容有机融入教材建设，以赛促学，以赛促教，做到"岗课赛证"互融互通。

五是实行多媒体融合。充分利用现代信息技术，将多媒体的教学资源与纸质教材融为一体。纸质文本上的二维码链接，可以展示图文、音频、视频等数字媒体信息，使平面阅读扩展为多媒体阅读，做到纸质文本与数字资源相结合、线下面授与线上学习相结合。

湖南省学前教育学会

2023 年 6 月

目 次
CONTENTS

教学资源

单 元 一

手工与玩教具制作概述

学习目标

素质目标

✦ 通过对手工制作与玩教具制作的了解与认识，树立正确的学习观。

✦ 通过学习手工与玩教具在幼儿园教育各领域中的应用，提升学生的理论修养，激发手工学习的热情，增强对学前教育专业的职业认同。

✦ 使学生热爱学前教育事业，乐于进行手工活动。

知识目标

✦ 认识手工制作、玩教具制作的基本概念。

✦ 了解手工的分类、玩教具的分类。

能力目标

✦ 认识到手工制作与玩教具制作在幼儿园教育中的重要作用。

✦ 熟悉幼儿园各领域配备玩教具的要求和原则，能根据要求和原则进行幼儿园的手工与玩教具制作。

✦ 掌握自制玩教具在各领域教学中的应用方法。

 单元导航

手工与玩教具制作概述
- 手工制作
  - 手工制作的概念和特点
  - 手工制作的分类
  - 手工制作在幼儿园教育中的作用
- 玩教具制作
  - 玩教具对幼儿发展的意义
  - 幼儿园玩教具的分类
  - 幼儿园玩教具投放和使用应注意的问题
- 玩教具制作的要求
  - 玩教具制作的基本原则
  - 玩教具制作的具体要求

 **情境导入**

　　新学期开始了，安静了一个假期的校园又逐渐充满了孩子们的欢声笑语。新学期，新气象，幼儿园的张老师计划在新学期的第一节课组织孩子们一起动手制作一个小房子，用来装饰大家最喜欢的游戏角。

　　"老师，我想用我喜欢的鲜花装饰这个房子，让它漂亮多彩！"

　　"我觉得可以用之前老师教过我们的方法，用不要的纸盒子来搭建房子。"

　　"我想自己动手在房子上画上我最喜欢的小动物。"

　　……

　　孩子们都非常喜欢做手工，各种手工课和制作活动是他们的最爱。

　　在张老师的带领下，经过一番努力，孩子们一起成功地完成了这个小房子。大家都感到非常自豪，因为通过自己的双手，创造出了独一无二的房子。既装饰了校园，也让大家享受到了手工制作的乐趣。

　　幼儿园是一个神奇的王国，不仅有风格各异的主题墙装饰，还有温馨有序的生活区角布置，以及丰富多彩的区域活动。不管是环境布置还是孩子们的活动，都离不开手工与玩教具制作，手工与玩教具制作可以把老师和孩子一些美好的想象变成现实。

　　手工制作是幼儿园教育中不可缺少的美术教育活动。手工制作可以培养幼儿的动手能力，促进幼儿的智力开发，还能提高幼儿的审美能力，陶冶情操，使幼儿身心得到健康发展。手工蕴藏着美好岁月的痕迹，孕育了无限可能的未来。

任务一　手工制作

一　手工制作的概念和特点

　　手工制作是人类最古老、最具普遍性的综合艺术形式之一，和人们的日常生活紧密相关。它伴随着人类走过了漫长的历史，不断丰富和满足着人们的精神文化生活。手工制作从属于美术学科，更强调造型媒材自身特点的发挥与利用。手工制作是指以双手为主或者借助工具，按照一定的构思和工艺程序对物质材料进行加工和改造，创造出具有实用或者观赏价值的手工艺品的造型活动。手工制作出来的作品有别于以大工业机械方式批量生产的工艺品，手工作品实用、美观，具有艺术性和创新性，并能传达文化内涵，富有装饰性、功能性和传统性（图1-1～图1-4）。

图 1-1 灯彩

图 1-2 衍纸

图 1-3 立体龙舟

图 1-4 布艺玩偶

手工制作是从属于美术学科的一个综合性学科，它具有美术的一般性质。手工制作的各类作品凝聚着人类的智慧和才能，具有独特的审美价值和迷人的艺术魅力（图 1-5 ～图 1-9）。手工制作主要有以下几个特点。

（一）造型性

这是指手工作品无论是立体造型还是平面造型，是具象造型还是抽象造型，都是通过塑造一定的形象反映客观世界，表达制作者内在的精神世界、情绪情感、意愿和思想。无论是何种手工制作，都以塑造形体为前提，不能脱离造型，离开了造型也就取消了作品本身。

（二）可视性

手工作品是通过视觉被人感知的，手工形象在感知方式上的可视性，是其作为艺术结构的第一属性。以造型为基础的手工形象，具有一定的形体，而这种形体总是诉诸人的视觉而构成视觉形象。

（三）空间性

由于手工作品在表现手段上具有自己的造型特点，故而具有空间的属性。且这种可视的形体总是存在于一定的空间之中，例如，剪纸造型、纸贴画存在于二维空间，泥塑造型多存在与三维空间之中。

（四）物质性

任何种类的手工作品，都是在一定的物质材料上施以相应的加工手段而形成的，否则可视的艺术形象便无法塑造。手工作品与物质材料有直接联系，不同的物质材料体现出不同的材质美。物质材料既是手工作品的载体，又是其存在的方式。物质材料和造型手段的不同会造成手工艺品所占用的空间不同、形态不同以及作品作用于人的视觉感受不同。

图 1-5 梅山剪纸　　　　图 1-6 布老虎　　　　　　图 1-7 泥塑

图 1-8 编织　　　　　　图 1-9 狮子头像

二　手工制作的分类

　　手工艺历史悠久，品类繁多，历经人类千百年不断的传承与创新，功能虽然没有太大的变化，但是制作材料越来越广泛，制作技巧也越来越精妙。可以从以下几个方面来进行分类。

　　（1）依据使用材料的物理性质不同来分类，手工制作可分为纸工、泥工、布工、金石工、竹木工、塑料工、废旧物手工等，如图 1-10、图 1-11。

　　（2）从制作工艺和技法的角度来分类，可以分为剪、折、雕刻、印染、编织、刺绣、插接等，如图 1-12～图 1-16 所示。

　　（3）从手工作品的用途的角度来分类，可以分为实用性手工、玩赏性手工、装饰性手工。

图 1-10 竹木工　　　　图 1-11 废旧物再利用手工　　　　图 1-12 折纸

图 1-13 插接　　　　图 1-14 雕刻　　　　图 1-15 编织　　　　　图 1-16 印染

 想一想

我们身边常见的手工艺品有哪些？请列举一下。

三 手工制作在幼儿园教育中的作用

手工制作能提高幼儿的动手能力和学习兴趣，促进学前儿童的精细动作发展，培养幼儿各项能力的协调性及综合能力。由于3～6岁幼儿的小肌肉群、神经系统尚未发育成熟，他们对于抓握物体、双手操作配合、手眼协调等精细动作和连贯动作无法流畅完成。让幼儿利用手工制作动手折一折、画一画、剪一剪、捏一捏、贴一贴，有助于发展他们的精细动作，提高手的灵敏度，从而达到手脑并用、以动促思的效果（图1-17）。

手工制作能增进学前儿童的审美直觉经验。审美直觉是指人们在审美活动中对于审美对象或艺术形象具有的一种不假思索而即刻把握与领悟的能力，是一种敏锐的感知觉。手工制作能让幼儿不断地积累感受经验，增强感觉敏锐度，在反复的辨别物体形状、色彩和造型技巧的练习中，无意识与意识产生连接和对话，审美偏爱和审美直觉随之形成，幼儿的审美心理结构在此基础上可初步建立起来。通过手工制作获得的具体经验，都有可能转化为他们的审美直觉经验。

手工制作是幼儿园教学的重要辅助手段。手工制作是幼儿非常喜欢的一种教学形式和活动，可以提高课堂趣味性。任何一件手工作品都是具有复杂结构的创造活动，从材料的选择到制作方法、步骤的确定，从构思到动手制作并不断调整和完善，这一过程充分锻炼了幼儿的创造能力，提高了幼儿的学习兴趣，加深了他们对事物的理解。手工制作在素质培养上有着独特优势，起着其他学科无法替代的作用和辅助教学效果（图1-18）。

图 1-17 手工制作活动

图 1-18 手工制作融入课堂

手工制作是幼儿园环境创设的主要形式。运用各种材料制作的手工艺品可以成为环境布置物，不仅美化了园区环境，而且可以让幼儿展现与表达自我。幼儿园环境布置内容主要包括活动室空间布置、区角设计、家园联系栏、主题墙饰、门窗装饰、走廊楼道布置等。良好的环境具有教育功能，有利于刺激和培养幼儿的各种初始能力，启发幼儿的智力；同时幼儿在参与布置的过程中，可以获得归属感和安全感，激发学习的兴趣和求知欲。手工因其材料的丰富性和造型性、形象性，可以成为幼儿园环境创设的主要形式。教师不仅可以利用各种材料制作成手工制品进行环境布置，还可以将幼儿的手工作品添置于园区内，让孩子参与进来。幼儿和老师的作品共同使用于园区环境创设，既给了孩子自我表现与展示的舞台，也让环境创设更加丰富、个性和温馨（图 1-19、图 1-20）。

图 1-19 手工艺品成为布置物

图 1-20 园区环境创设

任务二　玩教具制作

玩具作为一种寓教于乐的工具，与人类特别是儿童的身体成长和智力发展始终保持着紧密的关系。它不仅丰富了幼儿的一日生活，拓宽了幼儿的视野，更促进了幼儿的智力开发和身心全面和谐发展。

幼儿园自制玩教具指的是用来教学或辅助教学的用品，它是由教师根据教育需求和幼儿发展需求，对各种自然资源和材料进行收集、分类、加工、改造、组合而成的不受玩法限制的玩教具。

一 玩教具对幼儿发展的意义

玩教具是一个组合概念，通常可以细分为教具、学具、玩具。三者都被广泛应用在幼儿园的教学中，但有一定的区别。教具泛指教师为了达到教学目的，特别设计或使用的某种实体材料或教学工具，如挂图、模型等（图1-21）。学具泛指教师为了丰富幼儿学习经验，达到一定保教目标，放置于特定区域供幼儿亲手操作或亲身体验的实体材料，如学习区角所提供的操作材料（图1-22）。玩具泛指幼儿在生活中自行操作玩耍的物品，一般不是为了达到特定的教学目标，而是幼儿根据意愿主动操作的材料或工具，如娃娃、积木等（图1-23、图1-24）。

图1-21 挂图   图1-22 七巧板   图1-23 娃娃   图1-24 积木

（一）玩教具是幼儿游戏的物质基础

游戏是最适宜幼儿发展的活动，能激发他们主动学习。游戏往往依托于具体的游戏材料来进行，游戏材料也就是玩教具。由于幼儿的思维具有直觉行动性和具体形象性的特点，所以他们的行动在很大程度上受到眼前情境和刺激物的影响。他们往往看到什么玩教具，就会玩什么游戏。例如，一个3岁幼儿做出抱娃娃、哄娃娃睡觉的行为，不是因为她预先想到了要扮演妈妈，而是因为看到了玩具娃娃，才发展出妈妈抱娃娃、哄娃娃的角色行为。具体形象性和可操作性是玩教具的基本特征。

（二）玩教具是幼儿与人交往的媒介

幼儿在共同操作玩教具的过程中，能够提升分享与合作的能力，也能够在遇到冲突的时候，学会面对和解决冲突的方法。玩教具也为成人自然有效地参与到幼儿的游戏中提供了途径，在双方的互动中，玩教具可以发挥最大功效，促进儿童的学习能力和智力发展。

（三）玩教具是幼儿与周围物质世界互动的桥梁

幼儿对世界充满好奇，但是成人世界里的许多物品和工具是幼儿不能触及的。成人教儿童使用玩教具，既有助于儿童练习，还能让儿童借助于玩教具来模仿那些他们还不能参加、但是又很想参加的生产劳动和生活活动。玩教具把幼儿与真实的物质世界联系在一起，为幼儿认识周围物质世界提供了重要途径。

（四）玩教具是幼儿进入人类社会与文化经验宝库的途径

玩教具的设计、生产、消费和使用，一方面体现了人类社会物质文明发展和科技进步的成果，另一方面也体现一个社会的信仰、习俗、观念和审美心理，反映了特定文化对幼儿学习与发展的期望，传递着特定的文化价值取向。玩教具是文化的物质载体，也是文化传承和传播的工具。

二　幼儿园玩教具的分类

（1）按玩教具的功能来分类，可以分为运动类玩教具、角色类玩教具、建构类玩教具、益智类玩教具、科学探究类玩教具、美工类玩教具、表演类玩教具、阅读类玩教具、劳动类玩教具、电教类玩教具（图1-25~图1-32）。

图1-25 自制沙包

图1-26 滑滑梯

图1-27 安吉游戏活动玩具

图1-28 剪纸

图1-29 布娃娃

图1-30 手工蛋塔玩具

图 1-31 拼插玩具

图 1-32 识字玩具

（2）按玩教具的主要材料来分类，可以分为塑料材料玩教具、纸材料玩教具、泥材料玩教具、废旧材料玩教具、乡土材料玩教具、布材料玩教具、综合材料玩教具（图 1-33~图 1-39）。

图 1-33 塑料珠子

图 1-34 废旧材料玩教具

图 1-35 布手套娃娃

图 1-36 折纸

图 1-37 石头娃娃

图 1-38 陶泥羊

图 1-39 综合材料玩教具

教师根据教学需要，掌握相关知识，利用各种材料，设计出具有教育性、趣味性、观赏性、创新性、安全性的玩教具，也可根据幼儿活动玩法选取多种材料进行搭配组合，设计出具有一物多用、一物多玩等特点的玩教具。

（3）按玩教具的制作主体来分类，可以分为非自制玩教具和自制玩教具（图 1-40、图 1-41）。

图 1-40 非自制玩教具　　　　　　图 1-41 自制玩教具

玩教具分类有多种方式，分类的目的是帮助人们更好地概括和理解不同玩教具的功能和特点，从而对日益丰富的玩教具有更准确的把握。需要注意的是，在幼儿园教育情境中，玩教具的分类并不是非此即彼，同一玩教具从不同的角度出发，可以划分在不同的类别下。

 想一想

　　除了以上分类方式，还可以从什么角度来对玩教具分类呢？

三 幼儿园玩教具投放和使用应注意的问题

　　在园所的操作材料中，会有一部分存在一定的危险因素，如果玩教具使用、操作和管理不当，很可能使孩子们受到伤害。鉴于此，在幼儿园玩教具的安全使用及管理方面，教师应注意以下几点。

　　（1）当孩子第一次使用剪子、刀、铲子、钉子、锤子等具有危险性的物品时，教师要考虑周全，应以富有童趣的、游戏的口吻向幼儿介绍玩教具的操作及使用方法，并与孩子一起讨论如何安全使用，比如将剪刀递给别人时，要自己拿好剪刀尖头而把剪刀柄递给对方。

　　（2）要正面引导，激发幼儿兴趣，鼓励愉悦的情感体验，避免过分强调危险性，造成幼儿不敢尝试或过度好奇而引起意外。

　　（3）提供给幼儿的工具材料应符合安全和卫生标准，并有一定的安全措施，如剪刀应是圆头的，小班不能提供太小的玩教具。

　　（4）在玩教具发放前，教师应清点玩教具的数量，做到心中有数，课后收回玩教具时更要清点数量，以免发生意外。

　　（5）在使用过程中，鼓励幼儿在探索中尝试自己发明的非常规玩法，同时以同伴的身份参与到孩子们新奇愉快的活动中去，时刻细心观察，适时引导，发现问题应及时纠正。

（6）对容易造成肌肉疲劳的工具材料，要控制使用时间，以免幼儿由于肌肉失去控制力发生意外。

（7）应对幼儿进行安全教育，可采用多种形式，如自编一些儿歌等，帮助幼儿建立规则意识，培养良好的行为习惯，提高自我保护能力。

总之，教师一方面要为幼儿创设实践的机会，提供充足的材料，鼓励孩子动手操作，大胆尝试，勇于探索，满足幼儿好奇、好问、好玩、好动的天性，使幼儿得到全面发展。另一方面，教师一定要负起保护幼儿的责任，及时发现潜在的危险，营造安全的环境，提高孩子的自我保护意识和能力，防止各种意外和伤害事故的发生，呵护幼儿身心健康。

任务三　玩教具制作的要求

一　玩教具制作的基本原则

幼儿园玩教具以幼儿操作为主，应符合幼儿的年龄阶段特点，教师在制作玩教具的过程中应遵循让幼儿爱玩、能玩、常玩的玩教具才是好的玩教具的理念。具体而言，教师在制作玩教具的过程中应遵循以下基本要求。

（一）保证安全性和清洁性

幼儿年龄小，尚且缺乏生活经验，因此，提供给幼儿的玩教具首先必须保证绝对安全、无毒、不易破碎，无尖锐棱角和细小零件，便于清洗消毒。一般可选择下列材料来制作玩教具，如布头、木头、纸、塑料、稻草、麦秆、丝瓜筋、贝壳、花果、狗尾巴草、泥沙等，对它们加以变化，可以创造出许多生动有趣、丰富多彩的玩教具。

（二）注重教育性、科学性、艺术性的结合

自制玩教具应具有促进不同年龄学前儿童身心全面发展、启迪学前儿童的智力、有助于教学活动的功能。配合教学活动的玩教具除讲究形象逼真、色彩鲜艳外，也应符合科学原则，有助于学前儿童认识事物，掌握正确的概念和知识，同时，还应重点突出，如计算器就应当符合教学的要求，装饰物不宜过多，以免分散学前儿童的注意力。自制玩教具的艺术性是指在有教育性和科学性的前提下，使玩教具的形象生动、色彩鲜明、幽默略带夸张，这样才能激发学前儿童对美的追求，让他们想玩、爱玩，百玩不厌。

（三）兼具自制性和可玩性

要多利用废旧材料来制作，所制作的玩具力求简单和操作方便，避免因细节烦琐造成制作

上的困难。比如纸糊玩具利用的是废纸和糨糊，价值低廉，制作方便，可以广泛使用。玩具是给孩子玩的，那种只能摆设、过于精致的玩具一般价值不大。教师因制作时花费的时间多、玩具容易坏而舍不得给孩子玩，这样许多好看但不耐用的玩具就常被锁在柜子里，成了"看具"，失去了玩具的作用，制作这类玩教具就没有多大的必要。应大力提倡用废旧材料制成的、制作和使用都方便的玩教具。

（四）体现趣味性与创新性

玩教具的趣味性要求教师以幼儿为中心，玩教具的制作和使用体现"童心"与"童趣"，力求以丰富多彩的造型、色彩、声响吸引幼儿，做到好看又好玩。同时，玩教具的制作还需要发挥教师的创造力，力求构思新颖，独具一格，在玩教具外形、结构、用材、使用等方面不断推陈出新。

二 玩教具制作的具体要求

（一）明确制作目的与意图

幼儿园自制玩教具作为一种教学或者辅助教学的用品，它是教师根据教育需要和幼儿发展需求，对各种材料进行收集、分类、加工、改造、组合，重新组装和制作的产物。自制玩教具对幼儿发展具有独特的价值和效用，与工业玩具相比，它具有及时性、针对性、灵活性、感染性等特点。教师可以根据班级活动、教学目标、幼儿年龄阶段特点、班级成员数量等对玩教具进行及时的调整和修正，以达到最佳使用效果。所以，教师在制作玩教具之前应明确制作目的和意图，并结合主要针对幼儿何种能力、幼儿年龄特点、用于环境创设还是幼儿活动、以认识和观赏为主还是操作探究为主几方面综合考虑。

（二）发挥创造性和灵活性

在玩教具的制作中，确定目标后可以大胆创新，只要是符合幼儿特点，为幼儿所喜欢，能满足教学需求的都可以。创新需要建立在对大量自制玩教具案例的参观、研究、临摹、制作的基础上。当掌握了基本的制作技巧后，应该发挥自身想象力，量身打造，使制作的玩教具更加别具匠心。

（三）注重安全性和功能性

在对玩教具的制作有基本思路后，最先考虑的就是选材。选材要考虑材料的安全性，应参照国家相关安全和卫生标准，确保材料在使用、操作方面不会对幼儿造成伤害。自制玩教具通常选取的是日常生活中的物品，如纸制品、自然材料、废旧物等，选择材料后要进行清洗与消毒处理，保证健康卫生。其次，材料应结实、耐用，边缘尖锐和体积过小的，应尽量避免使用。再次，玩教具制作完成后，教师应梳理出规范操作的演示步骤，确保幼儿安全有序地使用，避免危险。最后，还要考虑选材的成本和获得难度，尽可能使所选材料能帮助教师最简单、最大限度地达到预期目标。

（四）发挥幼儿主体性

幼儿是玩教具主要的使用者和操作者之一，有时更是玩教具的制作者。所以在玩教具的设计和制作中，应该充分发挥幼儿的主体作用，可以在选材取材、制作、使用各个环节视幼儿的能力引导其参与进来，让幼儿获得充分的参与感和满足感。

（五）注意可持续性

玩教具的制作会耗费教师一定的精力和时间，以及部分材料。因此，玩教具在制作时和使用后应注重可持续性，即尽量可以回收持续使用。首先，针对某一次教学设计的玩教具在使用之后可以放置于活动区，供幼儿日常操作。其次，当某一玩教具幼儿不再感兴趣时，可以适当进行改动，增加新的元素，重新投入使用。最后，一些结实耐用的玩教具可在大、中、小班幼儿中传递。

思考与练习

1. 手工制作在幼儿园教育中的作用主要有哪些？
2. 玩教具分类方式主要有哪几种？
3. 玩教具制作的基本原则和具体要求包括什么？

单 元 二

纸造型

 学习目标

素质目标

✦ 通过纸造型的学习，培养纸造型创作的兴趣，感受纸造型作品的形式美，提高审美能力和动手能力。

✦ 感受民间纸艺的文化内涵，增强对传统文化的传承与发扬意识，培养精益求精的工匠精神。

知识目标

✦ 认识纸造型的基本工具材料，了解纸造型的基本知识。

✦ 了解不同纸造型的艺术特色与构成原理，掌握纸造型的制作技法。

能力目标

✦ 能熟练运用不同的纸类材料，设计与制作纸造型作品。

✦ 能熟练运用不同的纸质材料，创作纸造型作品。

 单元导航

纸造型
- 撕纸造型
  - 撕纸造型简介
  - 撕纸造型的工具与材料
  - 撕纸造型的基本技法
  - 撕纸造型实训指导
- 折纸造型
  - 折纸造型简介
  - 折纸造型的工具与材料
  - 折纸造型的基本技法
  - 折纸造型实训指导
- 剪纸造型
  - 剪纸造型简介
  - 剪纸造型的工具与材料
  - 剪纸造型的技法、形式和纹样
  - 剪纸造型实训指导

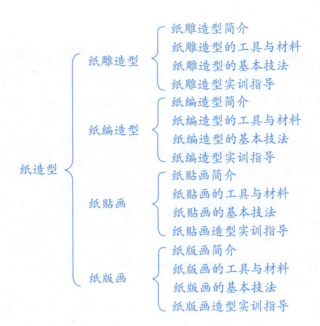

纸造型
- 纸雕造型
  - 纸雕造型简介
  - 纸雕造型的工具与材料
  - 纸雕造型的基本技法
  - 纸雕造型实训指导
- 纸编造型
  - 纸编造型简介
  - 纸编造型的工具与材料
  - 纸编造型的基本技法
  - 纸编造型实训指导
- 纸贴画
  - 纸贴画简介
  - 纸贴画的工具与材料
  - 纸贴画的基本技法
  - 纸贴画造型实训指导
- 纸版画
  - 纸版画简介
  - 纸版画的工具与材料
  - 纸版画的基本技法
  - 纸版画造型实训指导

情境导入

"大家可以看一下老师手里拿的这个是什么？"

"一张纸！""红色的纸！"

"老师先把这张纸折一下，然后选三位小朋友在折纸上画出自己喜欢的图案。"

老师将彩纸反复对折，折成了一个三角形，邀请幼儿在纸上画出自己喜欢的图案后，用剪刀将孩子们画出的图案剪下来，形成了一个老师和孩子合作制作而成的简易剪纸作品，将其展开并进行展示。

"大家还记得这张纸本来的样子吗？在老师和你们的合作之下，它现在发生了什么变化呢？"

"这张纸本来没什么好看的，但是现在变成了一幅画！""我在上面看到了很多我喜欢的花！""我也想画！""我想剪！"

"老师还带来了几幅这样的剪纸画，大家可以一起先欣赏，然后老师再带着你们一起制作出属于自己的剪纸！"

……

王老师正在进行一堂生动的剪纸造型教学活动课，通过师幼合作先简单制作出一个剪纸作品，进而通过欣赏生动的剪纸作品，教师的课堂示范及制作指导，使学生们完全融入课堂，享受着指尖创作的快乐。

　　纸的种类繁多，用途广泛，在生活中常见易得。幼儿教师能将一张张普通的纸张变成纸艺作品，能带领幼儿探索用不同纸张制作出不同的纸艺作品，启发他们的想象力，促进他们对生活的热爱和探索。本单元将带领大家一起去探索纸造型的奥秘，感受纸带来的不同造型的美感体验。

任务一　撕纸造型

一　撕纸造型简介

　　撕纸，又称手撕画，是通过手撕、整形、粘贴而形成图形的艺术表现形式。由于纸的质地相对松软，撕过后的轮廓边缘自然、质朴，有不规则的粗糙蓬松痕迹，所以撕纸造型表现形式丰富灵活，既可以做到精致，又可以做到粗犷。撕纸造型因其不需要借助任何工具而完全根据自己设想的图形，徒手撕出所需的形象，故作品常常具有自然、生动、稚拙以及富于变化的美感。撕纸造型是幼儿园美术活动常见形式之一，因其简易性、朴拙性以及趣味性深受幼儿喜爱。

　　撕纸造型主要有撕纸贴画和撕纸添画两种类型（图2-1、图2-2）。

图 2-1 撕纸贴画　　　　图 2-2 撕纸添画

想一想

撕纸贴画和撕纸添画的区别在哪？

二　撕纸造型的工具与材料

撕纸造型的材料有各种彩纸、皱纹纸、废旧报纸、包装纸、广告单、画报纸以及棉纸、薄瓦楞纸等（图2-3~图2-5）。

撕纸造型所需工具有剪刀、胶棒等。剪刀用于剪细节或剪细小的装饰物，胶棒用于粘贴造型（图2-6）。

图2-3 皱纹纸　　　　图2-4 废旧报纸　　　　图2-5 牛皮纸　　　　图2-6 彩纸、剪刀、胶棒

三　撕纸造型的基本技法

根据撕纸造型和撕纸技法的不同，常见撕纸造型技法主要有折叠撕、目测撕、印痕撕。

（1）折叠撕法：先将纸折叠，然后再按折叠痕迹撕，打开后即成图形（图2-7）。

（2）目测撕法：根据自己的想象和眼睛估测，将纸撕成一定形状（图2-8）。

（3）印痕撕法：在纸张上先压出痕迹，按照痕迹撕（图2-9）。

图2-7 折叠撕法　　　　图2-8 目测撕法　　　　图2-9 印痕撕法

四　撕纸造型实训指导

（一）撕纸造型制作——撕纸贴画《甜甜的西瓜》

西瓜是很多小朋友喜欢吃的水果，西瓜撕纸贴画对于幼儿来说简单、有趣、易学、制作安全。其造型简洁夸张、富有情趣，既可以锻炼幼儿手眼协调能力，增强手指的控制力，又可以培养幼儿的动手能力、想象力和创造力，是一项启迪幼儿智慧的有意义的活动。

制作步骤：

（1）材料准备：红色、绿色、黑色、白色纸，胶水，等等（图2-10）。

图 2-10 材料

（2）将红色纸全部撕成大小均匀的纸片，作为西瓜瓤；将同样大小的绿色纸的三分之一撕出作为西瓜皮；将黑色纸撕出西瓜子形状。将撕好的纸片进行摆放与布局（图2-11）。

（a）　　　　　　　（b）　　　　　　　（c）　　　　　　　（d）

图 2-11 撕

（3）按照摆放的造型和位置，将纸片依次涂上胶水，粘贴至白色纸上。

（a）　　　　　　　（b）

图 2-12 贴

（二）撕纸造型制作——撕纸添画《漂亮的小鱼》

鱼是小朋友们熟悉的动物，《漂亮的小鱼》撕纸造型制作，让幼儿认识不同形状的鱼，感受鱼的可爱与灵动，既可以锻炼幼儿的动手能力，还能培养他们的想象力与创造能力。

制作步骤：

（1）将纸张对齐对折，根据对折中线对折两角（图2-13）。

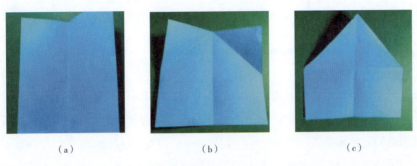

（a） （b） （c）

图 2-13 折

（2）把折后的两角小心撕掉后，将剩下的纸折出三角形，并撕下该三角形（图 2-14）。

（a） （b） （c）

图 2-14 折和撕

（3）撕出的大三角形作为小鱼的头，更小的三角形作为鱼尾巴。拼出鱼的形状后，在此基础上发挥想象，进行创意装饰（图 2-15）。

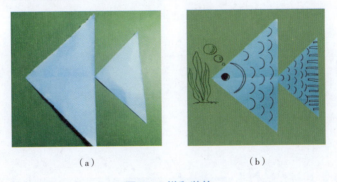

（a） （b）

图 2-15 拼和装饰

任务二 折纸造型

一 折纸造型简介

折纸造型是一种通过折、叠、卷、翻、插等方法，加之剪、接、嵌、拼、画等技巧，将纸张制作成各种不同形状的艺术活动。折纸可以生动地表现各种样式繁多、变化多端的形状，创造出概括而生动的立体形象。

折纸造型是幼儿教师必不可少的美术造型基础技能，折纸活动也是幼儿园常开展的手工活动。折纸操作安全、简单，材料获取便捷，对幼儿教学活动和游戏活动开展能起到很好的辅助作用。折纸活动不仅可以培养儿童的观察力、注意力、想象力以及理解能力，促进手部肌肉群和大脑的发育，还可以培养儿童细心、耐心的好习惯。折纸活动不仅是一项手工活动，也是一项开发思维的益智活动（图 2-16）。

图 2-16 折纸作品

想一想

你见过哪些折纸造型的作品？

二 折纸造型的工具与材料

折纸造型所用的材料主要有各色薄彩纸、剪刀、固体胶等（图 2-17~图 2-19）。

图 2-17 手工专用彩纸

图 2-18 珠光彩纸

图 2-19 剪刀与固体胶

三 折纸造型的基本技法

（1）对边折及对角折：将长方形纸张的一个侧边向内折叠，为对边折（图 2-20）；将正方形纸张两角相对折叠，形成两个直角三角形，为对角折（图 2-21）。

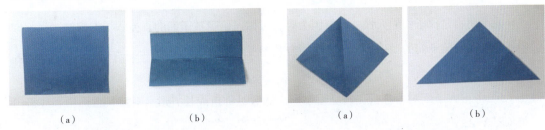

（a）　　　　　（b）

图 2-20 对边折

（a）　　　　　（b）

图 2-21 对角折

（2）两边向中心折：将长方形纸张的两个侧边向内折叠（图 2-22）。

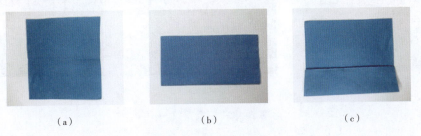

（a）　　　　　（b）　　　　　（c）

图 2-22 两边向中心折

（3）向心折：将正方形纸张以"十"字为中心，让四个角围着十字中心点对折（图 2-23）。

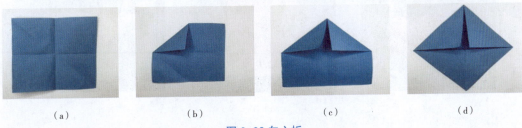

（a）　　　　　（b）　　　　　（c）　　　　　（d）

图 2-23 向心折

（4）集中一角折：将正方形纸张按对角线对折，然后将相对两角折叠到中心点（图2-24）。

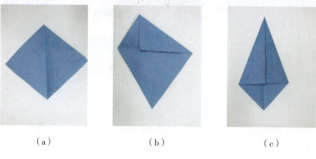

（a）　　　　　　（b）　　　　　　（c）

图 2-24 集中一角折

四 折纸造型实训指导

（一）折纸造型制作——《螃蟹》

喜爱小动物是孩子们的天性，螃蟹因为憨态可掬，倍受孩子们的喜爱。折纸螃蟹制作难度适中，可以锻炼孩子们的动手能力、专注能力及思考能力。

制作步骤：

（1）将正方形纸对角各折一次呈十字形，然后对称折成长方形，对照长方形中心线折出一角（图2-25）。

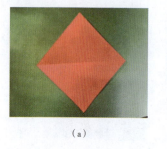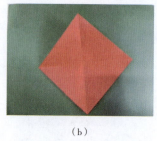

（a）　　　　　　　　　（b）　　　　　　　　　（c）

图 2-25 折纸螃蟹第一步

（2）对照长方形中线折出另一角，打开后沿对角线折成三角形（图2-26）。

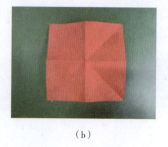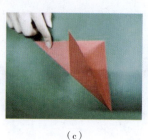

（a）　　　　　　　　　（b）　　　　　　　　　（c）

图 2-26 折纸螃蟹第二步

（3）将三角形按照折痕向内折，折出小三角形，其中一角沿中线往上折（图2-27）。

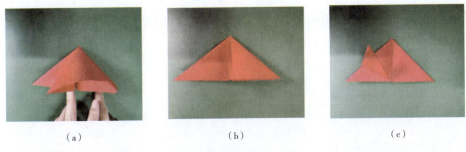

（a）　　　　　　　　　（b）　　　　　　　　　（c）

图 2-27 折纸螃蟹第三步

（4）将三角形一角向内折，另一角也向内折后再翻过来（图2-28）。

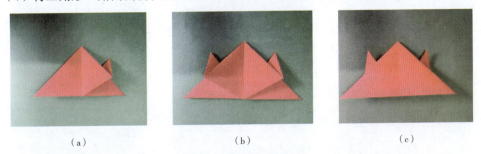

（a）　　　　　　　　　（b）　　　　　　　　　（c）

图 2-28 折纸螃蟹第四步

（5）底部沿边向上折起一段，然后折起左边角和右边角（图2-29）。

（a）　　　　　　　　　（b）　　　　　　　　　（c）

图 2-29 折纸螃蟹第五步

（6）三角形的上角向内折出小角，翻过来后装饰眼睛和嘴，即可完成（图2-30）。

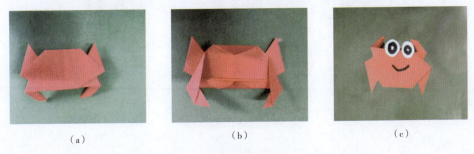

（a）　　　　　　　　　（b）　　　　　　　　　（c）

图 2-30 折纸螃蟹第六步

（二）折纸造型制作——《衬衫》

以熟悉的生活物品——爸爸的衬衫为学习目标，锻炼幼儿小手的灵活度和折叠能力，体会折纸的乐趣，提高幼儿的专注力和耐心，培养幼儿的感恩之心。

制作步骤：

（1）正方形纸两边对中线向内折，然后翻面（图2-31）。

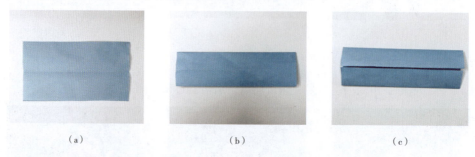

（a）　　　　　　　　　（b）　　　　　　　　　（c）

图 2-31 折纸衬衫第一步

（2）对照中线各向内再对折一次，随后展开（图2-32）。

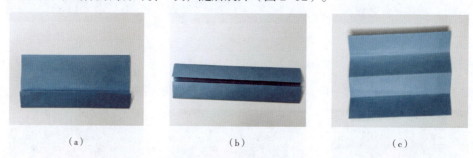

（a）　　　　　　　　　（b）　　　　　　　　　（c）

图 2-32 折纸衬衫第二步

（3）竖着向下折顶部三分之一，左右两边向竖中线折（图2-33）。

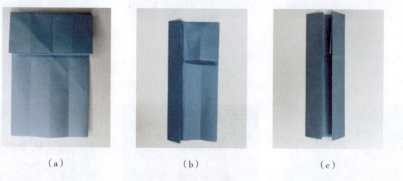

（a）　　　　　　　　　（b）　　　　　　　　　（c）

图 2-33 折纸衬衫第三步

（4）顶部靠近竖中线两角各向外翻折，折出两个三角形；翻面，底部向上折约 2 厘米（图 2-34）。

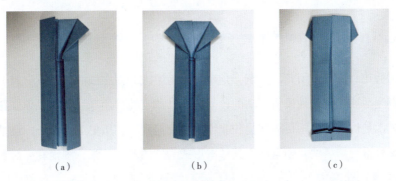

（a）　　　　　　　　（b）　　　　　　　　（c）

图 2-34 折纸衬衫第四步

（5）沿横中线对折，翻面，将底部左右两角向竖中线折出小三角形（图 2-35）。

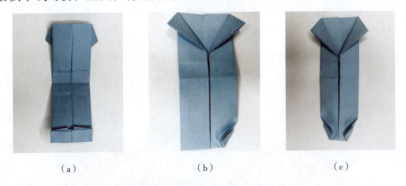

（a）　　　　　　　　（b）　　　　　　　　（c）

图 2-35 折纸衬衫第五步

（6）下方沿横中线折上去，翻面，再进行装饰，画出扣子和口袋（图 2-36）。

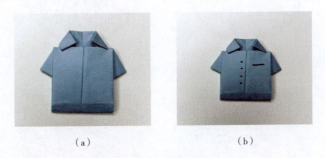

（a）　　　　　　　　（b）

图 2-36 折纸衬衫第六步

任务三　剪纸造型

一　剪纸造型简介

　　剪纸又称剪花、窗花、团花、刻纸，是一种用剪刀或刻刀在纸面等薄质材料上剪刻花纹图案，用于装点生活或配合其他民俗活动的民间艺术，如窗花、门笺、墙花、顶棚花、灯花、鞋样等。剪纸艺术是优秀的中国传统文化和非物质文化遗产，其历史源远流长，最早的剪纸作品出土于新疆吐鲁番阿斯塔纳北朝墓葬，其基本形式为"团花"剪纸，图案有《对猴》《对马》以及几何纹样等（图2-37）。剪纸的题材广泛、寓意丰富、风格各异，有象征幸福美满的婚礼剪纸，如"麒麟送子""鸳鸯戏水""龙凤戏珠"之类（图2-38）；有以"蝙蝠、鹿、桃"代表"福、禄、寿"，表达祝福的剪纸；还有用"猴骑狲"代表"辈辈封侯"的剪纸。

　　剪纸因其材料易得、成本低廉、效果立见、适应面广、造型质朴、生动有趣，深得广大中国人民的喜爱。经过几千年的不断传承与发展，形成了多种风格流派，著名的有细腻柔和、神形兼备的扬州剪纸（图2-39），粗犷豪放、造型夸张的安塞剪纸（图2-40），具有"三分工七分染"特点的蔚县剪纸（图2-41）。

图 2-37 北朝剪纸《对马》与《对猴》

图 2-38 鸳鸯戏水图　　　　图 2-39 扬州吉祥图剪纸

图 2-40 安塞老虎剪纸

图 2-41 蔚县戏曲人物剪纸

 想一想

什么是团花剪纸？如何制作呢？

二　剪纸造型的工具与材料

1. 剪纸工具

剪纸工具比较简单，剪刀是剪纸艺术最主要的工具。剪刀要求锋利，尖嘴尽量尖锐，利于剪小圆点。其他可能用到的还有刻刀、刻板、固体胶、订书机、橡皮、铅笔、尺子、镊子、国画颜料等辅助工具。有时剪刻一幅精细的单形剪纸作品，剪刀无法达成的细小形状需要专业的剪纸刻刀（图 2-42）。

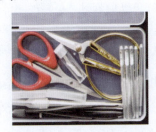

图 2-42　剪纸工具

2. 剪纸材料

剪纸的材料主要是纸张，对纸质的要求并不算高，常用的有多色蜡光纸、植绒纸、彩色闪光纸、宣纸。一般选用蜡光纸、大红纸、植绒纸（图 2-43）。

图 2-43 剪纸常用纸张

三 剪纸造型的技法、形式和纹样

剪纸作为中国传统民间艺术形式，经千年传承与发展，产生了多种剪纸技法与艺术形式，有明确的剪刻要求和多种装饰纹样。

（一）剪纸造型的基本技法

剪刻技法是剪纸者的基本功，决定了剪纸作品的成败。具体要求为圆、尖、方、缺、线等"五要素"。要达到剪圆如秋月，饱满圆润；剪尖如麦芒，尖而挺拔；剪方如瓷砖，齐整有力；剪缺如锯齿，排列有序；剪线如胡须，均匀精细。剪口要整齐，既不能留缺，又不能剪过头或剪坏别处。

按造型方法的不同，有以下几种剪纸基本技法。

1. 阳刻

阳刻也称镂刻，"刻"与"剪"在剪纸中可以通用。阳刻剪纸是保留原稿轮廓线内部的面积，剪去轮廓以外的空白部分，要"剪剪相连"，也就是"线线相连"，形象的线条是实心的，这种方法流畅、清晰、玲珑细致、形象突出、明确，如以红色纸剪刻时，会呈现完整红色的形象（图 2-44）。

2. 阴刻

阴刻也称镂刻，就是刻去表示物象结构的轮廓线内部面积，在大的块面中表现线条的方法。被剪刻去掉的小面积空白组成形象，但线与线不相连接，保留块面部分，使作品整体连贯。这种刻法效果厚重、结实、分量感很强，有一种强烈的对比感（图 2-45）。

图 2-44 阳刻《八骏图》

图 2-45 阴刻《八骏图》

3. 阴阳结合剪

阴阳结合剪即阴阳两种刻法结合使用，使画面更丰富完善。大多剪纸使用此法，如《马到成功》图中的马是阳刻，娃娃则为阴刻，形成阴阳互补、对比审美效果（图 2-46）。

4. 剪影

剪影是只剪形体的外轮廓，没有内部结构的剪纸形式，造型需要高度概括、简化；轮廓线高度精确，以少胜多；多用黑色纸剪刻，形成影子美感（图 2-47）。

5. 折叠

折叠是剪刻前因纹样造型设计需要对纸张做的一种处理方式，如剪对称的蝴蝶，需要将色纸对折起来画半只蝴蝶纹样，剪完打开，可呈现一幅完整的均齐式蝴蝶图案（图 2-48）；剪花边纹样时则需要将长条状纸正反多次对折再剪刻，打开可形成二方连续式的花边纹样（图 2-49）。折叠剪纸是最常见的一种剪纸技法，其简便、快捷的特点备受人们喜爱。折叠方法有对折、花边折、三角折、四角折、五角折、六角折、七角折……直至十二角折等多种折叠方法，其中单数的折叠比较难。

图 2-46 阴阳结合剪《马到成功》

图 2-47 剪影《写生》

图 2-48 对称蝴蝶剪纸

图 2-49 花边蝴蝶剪纸

 想一想

如何将正方形纸折叠并剪成三角星、五角星、七角星呢？

（二）剪纸造型的表现形式

剪纸从色彩表现形式上可分为单色剪纸、多色剪纸、染色剪纸三大类。不同的表现形式其技法运用也有所不同，下面主要介绍单色剪纸和多色剪纸，其中幼儿学习的剪纸主要是单色剪纸。

1. 单色剪纸

单色剪纸常常选用红色的纸张，因为红色具有喜庆、温暖、艳丽的视觉心理感受。单色剪纸在各地运用最为普遍，具有阴阳互补、对比强烈、单纯大方的美感。单色剪纸包含单形剪纸和团花剪纸。

（1）单形剪纸

单形剪纸的造型比较自由灵活，可剪单个小型的人物、动物或花鸟形象，造型注重均衡的形式美感，以剪花卉见长的中国工艺美术大师张永寿的不朽名作《百菊图》《百蝶恋花图》剪纸集就属均衡式的单形剪纸（图 2-50、图 2-51）；单形剪纸也适用于剪刻大型作品，如《百鸟朝凤图》（图 2-52）。造型上可简化夸张，如生肖猪剪纸（图 2-53）；也可写实，阴阳结合剪刻，如生肖狗剪纸（图 2-54）。

图 2-50《百菊图》　　图 2-51《百蝶恋花图》　　图 2-52《百鸟朝凤图》剪纸

图 2-53 生肖猪剪纸　　　　　图 2-54 生肖狗剪纸

（2）团花剪纸

团花剪纸呈圆形或方形，四面对称均齐。这种表现形式在剪纸中尤其能显示出其优异性，被广泛运用于窗花、喜花中。团花剪纸常运用多种折叠方法，折叠纸张的方法决定了团花剪纸的外在形式，如"年年有鱼"的三角折（图 2-55）、"五福临门"的五角折（图 2-56）、"富贵有余"的四角折（图 2-57）、"十二生肖"的十一角折等（图 2-58）。折叠次数越多，纸张就越厚，剪刻线条时就越不通畅，幼儿学习的团花剪纸应尽量折叠次数少一点，造型简单易操作。

图 2-55 "年年有鱼"剪纸　　　　图 2-56 "五福临门"剪纸

图 2-57 "富贵有余"剪纸　　　　图 2-58 "十二生肖"剪纸

2. 多色剪纸

多色剪纸是指用多种颜色的纸张共同完成一幅剪纸作品，使色彩丰富艳丽。按照对色纸的处理方法，分为分色剪纸、衬色剪纸、拼色剪纸等多种类型。

（1）分色剪纸基本上属于单色剪纸的拼贴组合，选用多种色纸分别剪刻形象后再进行组合，形成色彩间的对比效果。如《三顾茅庐》《牧羊》等分色剪纸作品（图 2-59 、图 2-60）。

图 2-59《三顾茅庐》分色剪纸　　　　图 2-60《牧羊》分色剪纸

（2）衬色剪纸是以白色或黑色的底稿线条作为线条轮廓，选取的图案是阴刻剪纸。在线条之下，衬以各种颜色，让它们呈现对比的效果。如《一起抗疫》（图 2-61）。

（3）拼色剪纸如同剪贴画，与衬色剪纸相似，但衬色是在剪纸下面反衬，拼色是在剪纸上面添加用色纸剪出的不同小色块，进行装饰，形成丰富多彩的画面感觉。如中国民间工艺美术大师、被誉为"剪花娘子"的库淑兰的《剪花娘子》就是最经典的拼色剪纸（图 2-62）。拼色剪纸可以随意进行色彩拼凑，较适合幼儿操作。

图 2-61 《一起抗疫》衬色剪纸　　　图 2-62 《剪花娘子》拼色剪纸

（三）剪纸造型常用的装饰纹样

有经验的民间剪纸艺人往往不画形就直接剪，剪完物体的外轮廓，中间的大面积部分会剪刻一些象征意味强而又简单的装饰纹样进行丰富美化。剪纸常用的装饰纹样有锯齿纹、圆点纹、月牙纹、鱼鳞纹、漩涡纹、云朵纹、花瓣纹等。通常在一幅剪纸中，会同时用上多种装饰纹样，幼儿可以运用简单的装饰纹样自由地进行剪纸造型（图 2-63）。

图 2-63 剪纸造型常见的装饰纹样

四　剪纸造型实训指导

（一）对称剪纸造型制作——《美丽的蝴蝶》

美丽的蝴蝶小朋友们都很喜欢，剪出蝴蝶的过程不仅可以让幼儿掌握对折方法和蝴蝶的剪法，而且能运用锯齿纹、柳叶纹装饰蝴蝶，掌握对折剪纸的基本步骤，提高幼儿的动手能力与想象力。

制作步骤：

（1）工具材料准备：剪刀，刻刀，铅笔，固体胶，一张正方形红纸（蜡光纸、大红纸、植绒纸等皆可）和白色卡纸。

（2）折叠纸张：先构思好蝴蝶的大小，再取合适的方形红纸进行对折（图 2-64）。

（3）绘制纹样：用铅笔或圆珠笔将半只蝴蝶纹样勾勒到对半的红纸上，运用月牙纹、锯齿纹进行装饰（图 2-65）。

（4）剪刻：采用阳刻，先用剪刀戳洞剪内部月牙纹、锯齿纹，再以剪刀剪出蝴蝶外轮廓部分（图2-66）。

（5）打开：将蝴蝶左右剪完的纹样轻轻打开，各线条、纹样捋整齐（图2-67）。

（6）粘贴：用固体胶将蝴蝶粘贴在白色卡纸上。注意粘贴方法，先中间再外边，用书本按压平整即可，不可用手指按压，易皱、易染色（图2-68）。

如果是小班幼儿操作，造型上只要剪蝴蝶的基本外轮廓即可。

图 2-64 折叠纸张　　　　　　　　　　　　图 2-65 绘制纹样

图 2-66 剪刻　　　　　图 2-67 打开　　　　　图 2-68 粘贴

（二）花边剪纸造型制作——《小兔子手拉手》

可爱的小兔子是不少小朋友的最爱，而且经常出现在书本和动画片里。本次剪纸可以引导孩子学会剪出小兔子，掌握五角折和锯齿纹剪法，同时了解剪纸造型规律和团花剪纸基本步骤。

制作步骤：

（1）工具材料准备：剪刀，刻刀，铅笔，固体胶，一张正方形红纸（蜡光纸、大红纸、植绒纸等皆可）和白色卡纸。

（2）折纸：准备一张长条状纸，主要采用连续曲折的方式折叠（图2-69）。

（3）画稿：在折叠好的基本形上绘制图案，对称图形只需画一半，且对折线必须做到图与纸对应一致，否则会分散和不连贯（图2-70）。

（4）剪刻：简单的形状直接剪，从细节处入手，大处收刀（图2-71）。

（5）展开：要轻轻地一层一层展开，不可心急，否则易断。若发现问题，马上调整修剪（图2-72）。

（6）粘贴：将作品粘贴在白色卡纸上，在作品中间涂上固体胶，先中间后四周，一层一层粘贴，同时用厚实平整的物件逐层压平即可完成（图2-73）。

如果是小班幼儿操作，可以只剪简单的兔子外轮廓造型。

图 2-69 折叠　　　　　　　图 2-70 画稿　　　　图 2-71 剪刻

图 2-72 展开

图 2-73 粘贴

（三）五折团花剪纸造型制作——《喜鹊登梅》

喜鹊与梅花在中国传统文化中都代表着一种美好，《喜鹊登梅》是中国传统吉祥图案之一，让孩子们学习这一剪纸造型可以提高审美意识，感受传统文化之美。

制作步骤：

（1）工具材料准备：剪刀，刻刀，铅笔，糨糊，一张正方形红纸（蜡光纸、大红纸、植绒纸等皆可）和白色衬纸（素描纸、卡纸、打印纸等皆可）。

（2）折叠：五角折是最难的折叠形式。按五角星折法，先将正方形纸对角折叠成等腰直角三角形，定好中心点，把右边折向左边腰的三分之一处。再把左边角沿右边折过来，把相等的两个角沿边对叠。最后把中心角分成相同五等分再折叠，五角重合即可（如图2-74）。

（3）画稿：在折叠好的纸形上，绘制样稿，做到细节清晰、去留明确（图2-75）。

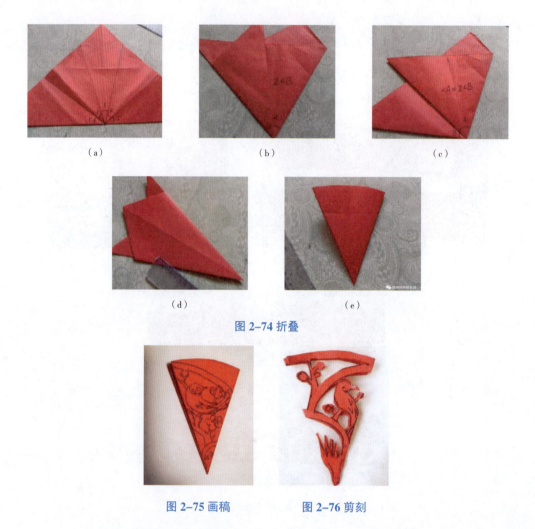

（a）   （b）   （c）

（d）   （e）

图 2-74 折叠

图 2-75 画稿   图 2-76 剪刻

（4）剪刻：剪刻顺序由上到下、由左到右、由小到大、由细到粗、由局部到整体。尽量避免重复剪刻，必须一次剪刻断，不能手撕（图 2-76）。

（5）展开：五折团花是多层折叠形式，剪完后要一层一层展开，不可心急，慢慢将作品铺平在白色衬纸上（图 2-77）。

（6）粘贴：粘贴时，将剪纸平放在衬纸上，蘸糨糊由里向外一点一点粘住，避免糨糊多了弄脏画面（图 2-78）。

图 2-77 展开　　　　　　　　　图 2-78 粘贴

任务四　纸雕造型

 一　纸雕造型简介

　　纸雕，也叫"纸浮雕"，它的起源可以追溯到中国汉代，是一种以纸为素材、使用刀具塑形的工艺。纸雕作品是通过丰富的想象力和创造力，运用折叠、剪切、弯卷、粘贴等手法制作出的形象生动、线条简练的纸艺工艺品，具有特殊凹凸感及独特视觉效果，同时兼具绘画、剪纸、设计、工艺、雕塑之美感，在现实生活中常被应用于各类装饰艺术中（图 2-79、图2-80）。

图 2-79 纸雕花　　　　　　　　图 2-80 纸雕蝴蝶

想一想

纸浮雕造型和纸圆雕造型的区别在哪？

二　纸雕造型的工具与材料

纸雕造型主要的工具与材料有手工纸、剪刀、刻刀、直尺、双面胶（或胶水、胶棒）、垫板等（图 2-81）。

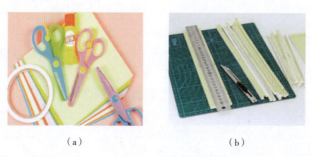

（a）　　　　　　　　　　　　　　（b）

图 2-81 纸雕造型主要工具与材料

三　纸雕造型的基本技法

1. 卷曲法

使用粗细不同的小圆棍将纸压卷成型，形成自然弯曲效果（图 2-82）。

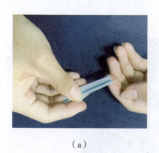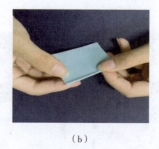

（a）　　　　　　　　　　　（b）　　　　　　　　　　　（c）

图 2-82 卷曲法

2. 锥形法

利用卷、折、粘等手法，将平面围合形成锥体、柱体等（图 2-83）。

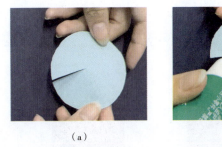
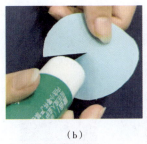
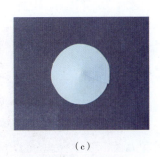

（a）　　　　　　　　（b）　　　　　　　　（c）

图 2-83 锥形法

3. 折痕法

利用直线或曲线的折曲，在平面卡纸上形成图形（图 2-84）。

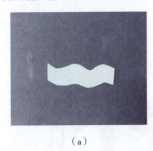
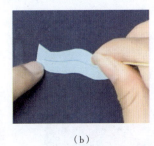
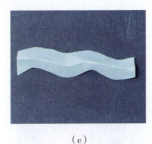

（a）　　　　　　　　（b）　　　　　　　　（c）

图 2-84 折痕法

四　纸雕造型实训指导

（一）平面纸雕造型制作——《蝴蝶》

绚丽多彩、形状各异的蝴蝶是幼儿经常绘画的对象。以蝴蝶为主题，引导幼儿观察蝴蝶花纹的对称性，感受蝴蝶花纹的美，熟知对称图形剪刻纸效果。

制作步骤：

（1）工具材料准备：刻刀、切割垫、铅笔、彩色卡纸。

（2）将正方形纸沿中线对称折，靠中缝一侧画出蝴蝶线稿。蝴蝶纹样可自己灵活创新设计（图 2-85）。

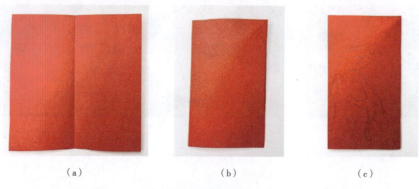

（a） （b） （c）

图 2-85 纸雕蝴蝶第一步

（3）用刻刀刻下蝴蝶纹样，展开（图 2-86）。

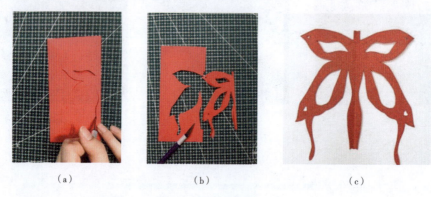

（a） （b） （c）

图 2-86 纸雕蝴蝶第二步

（二）半立体纸雕造型制作——《荷花》

自古以来，关于荷花的描述和赞美有很多。教师平时上课也可以让幼儿了解荷花的生长过程，知晓荷花的美好寓意。幼儿制作手工荷花半立体纸雕，可以锻炼肌肉的灵活性，培养动手能力和观察能力。

制作步骤：

（1）工具材料准备：剪刀、胶水或海绵胶、卡纸（图 2-87）。

（2）裁切出三角形，沿中线对折一次三角形（图 2-88）。

图 2-87 工具材料　　　图 2-88 纸雕荷花第一步

（3）再次对折出三角形，画出花瓣，沿着线剪掉外缘，留下花瓣（图 2-89）。

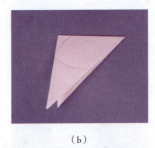
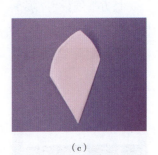

（a）　　　　　　　（b）　　　　　　　（c）

图 2-89 纸雕荷花第二步

（4）展开后，用同样方法剪出大小不一的几朵荷花（图 2-90）。

（a）　　　　　　　（b）　　　　　　　（c）

图 2-90 纸雕荷花第三步

5. 把剪出来的花朵，按照由小到大错角粘贴起来，完成（图 2-91）。

（a）　　　　　　　　　　　（b）

图 2-91 纸雕荷花第四步

（三）全立体纸雕造型制作——《火箭》

随着中国载人飞船的成功发射，人们对火箭话题关注得越来越多。手工制作火箭可以激发幼儿探索航空知识的兴趣，提高幼儿动手能力与想象力。

图 2-92 工具与材料

制作步骤：

（1）工具材料准备：剪刀、胶水或透明胶、卡纸、彩色笔（图2-92）。

（2）长方形纸分别卷成一高两低的三个圆筒，根据圆筒形状剪出比圆筒稍大一点的圆形，并在圆形上剪出小的三角形缺口（图2-93）。

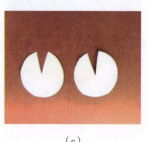

（a）　　　　　　　（b）　　　　　　　（c）

图 2-93 纸雕火箭第一步

（3）把剪出口子的圆形折叠粘合呈圆锥形，在圆筒的一头涂上胶水（图2-94）。

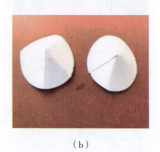
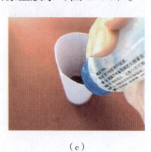

（a）　　　　　　　（b）　　　　　　　（c）

图 2-94 纸雕火箭第二步

（4）把圆锥形的盖子分别粘贴在圆筒上，作为火箭头部（图2-95）。

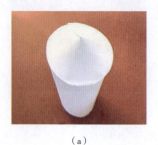
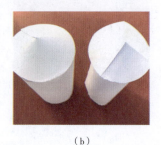

（a）　　　　　　　（b）

图 2-95 纸雕火箭第三步

（5）每个火箭筒都粘好顶部，按照火箭组合排列后进行装饰，完成（图2-96）。

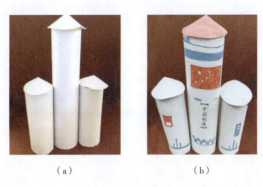

（a）　　　　　　　　（b）

图 2-96 纸雕火箭第四步

任务五　纸编造型

一　纸编造型简介

编织是我国民间传统工艺的一种，具有悠久的历史，纸编是在汲取民间编织工艺的基础上，以纸条为材料进行编织的手工活动。

儿童运用各种纸材料编织形象，可以促进大脑发育，提升自身的动手、动脑和审美能力。纸编造型一般可分为平面的纸编画（图2-97）和立体的容器（图2-98）。

图 2-97 纸编画　　　　图 2-98 立体花篮

想一想

纸编画与立体花篮有什么区别？

二　纸编造型的工具与材料

纸编造型的工具有：剪刀、美工刀、尺子、夹子、小刀、乳白胶、热熔胶等（图2-99）。

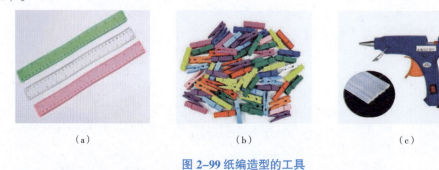

　　　（a）　　　　　　　　　（b）　　　　　　　　　（c）

图 2-99 纸编造型的工具

纸编造型的材料有：废旧报纸、彩色纸、皱纹纸、卡纸、杂志纸等（图2-100）。

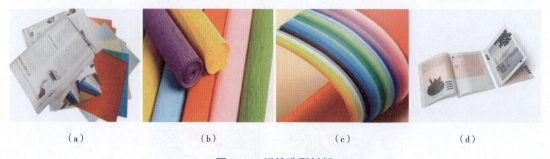

　（a）　　　　　　　（b）　　　　　　　（c）　　　　　　　（d）

图 2-100 纸编造型材料

三　纸编造型的基本技法

（一）经纬交叉编织法

经纬交叉编织法是指把纸条按经纬的位置排列好后，用横向的线条进行穿插编织，一提一压就可以交叉编织好图案。可以根据自己的需要进行创新与变化，编织出各种不同的效果（图2-101~图2-103）。

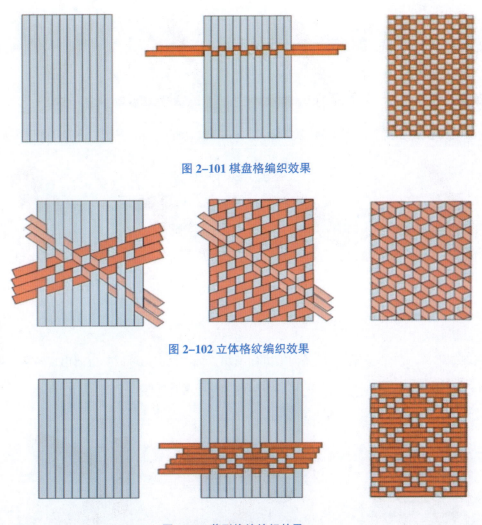

图 2-101 棋盘格编织效果

图 2-102 立体格纹编织效果

图 2-103 菱形格纹编织效果

（二）两根纸条编织法

两根纸条编织法是指运用两根纸条交叉折叠进行编织的方法。这种方法一般用于制作小动物，也可以先做好某个物体再组合进编织画面里。把裁好的纸条对折，尺寸规格根据编织的动物大小选定，较硬的纸可用单层。

1.编纸辫

制作方法：取两根折好的纸条，其中一根成 V 形绕过另一根，如图 2-104 所示。横向纸条一端向上折起，如图 2-105 所示。左右两部分纸条围绕中间两纸条交叉编织，如图 2-106 和图 2-107 所示，形成辫子的基本形状。同样做法反复多次，一定长度后，把中间两根纸条向上折起，剪去多余纸条，纸辫完成（图 2-108）。

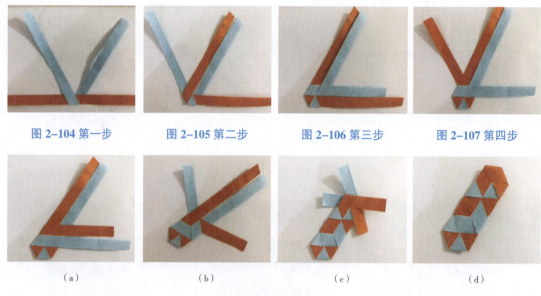

图 2-104 第一步   图 2-105 第二步   图 2-106 第三步   图 2-107 第四步

（a）   （b）   （c）   （d）

图 2-108 第五步

2. 转折编法

起端如纸辫，在此基础上，纸条向右方向编织，纸辫便会向顺时针方向出现转折，如图 2-109、2-110 所示。也可向左方转折，纸辫会向逆时针方向转折。

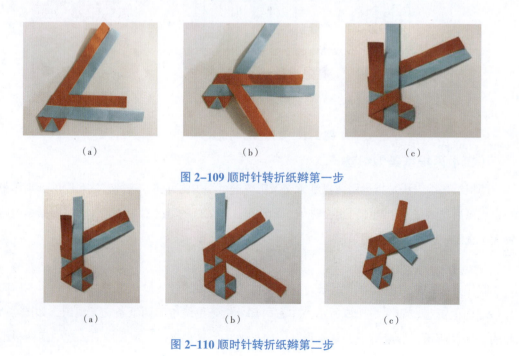

（a）   （b）   （c）

图 2-109 顺时针转折纸辫第一步

（a）   （b）   （c）

图 2-110 顺时针转折纸辫第二步

（三）立体编织法

立体编织是在平面编织的基础上进行的，用经纬交叉的方式编织出立体造型。一般是先把底部用平面的方法编织好，然后把四周的部分向上折叠起来，让它们与底部垂直，再进行经纬编织，获得立体造型（图2-111）。

（a） （b）

图 2-111 立体纸篮

四 纸编造型实训指导

（一）纸编画制作——《螃蟹》

制作步骤：

（1）工具材料准备：彩色卡纸、剪刀、铅笔、橡皮、刻刀、固体胶等（图2-112）。

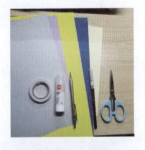

（2）把螃蟹、海底等造型依次在黄色、灰色卡纸上画好图稿并剪裁下来，并在要编织的部分用刻刀划线，然后裁剪相同宽度的纸条（图2-113）。

图 2-112 准备好工具材料

（a） （b） （c）

（d）　　　　　　　　　　　　（e）

图 2-113 纸编螃蟹第一步

（3）裁好纸条后开始穿编，用浅黄色纸条依次对螃蟹身体进行穿编，完成螃蟹的编织（图 2-114）。

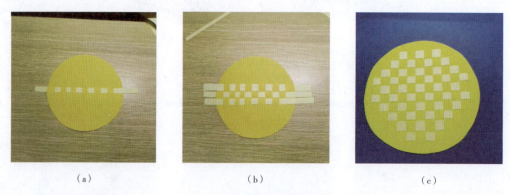

（a）　　　　　　　　（b）　　　　　　　　（c）

图 2-114 纸编螃蟹第二步

（4）裁剪相同的白色纸条，用白色纸条依次对海底地面进行穿编，完成海底的编织（图 2-115）。

（a）　　　　　　　　（b）　　　　　　　　（c）

图 2-115 纸编螃蟹第三步

（5）把编织好的螃蟹身体和海底分别粘贴在蓝色卡纸上，并组合好螃蟹的各个部分，最后粘贴上海草，画上水母、泡泡等细节，调整完成编织画作品（图 2-116）。

（a）　　　　　　　　　　（b）　　　　　　　　　　（c）

图 2-116 纸编螃蟹第四步

（二）立体纸编造型制作——《篮子》

制作步骤：

（1）工具材料准备：准备好彩色卡纸、剪刀、铅笔、橡皮、美工刀、双面胶等，并用卡纸裁剪相同宽度的纸条，黄色 4 根，粉色、蓝色各 6 根（图 2-117）。

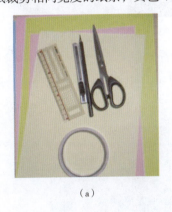  

（a）　　　　　　　　　　（b）　　　　　　　　　　（c）

图 2-117 纸编篮子第一步

（2）先用粉色和蓝色的纸条以横竖交叉的形式进行穿编，制作花篮底部，然后再用三条黄色卡纸粘贴环成正方形穿编成篮身（图 2-118）。

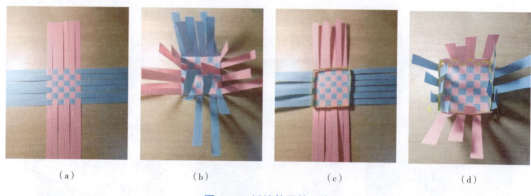

（a）　　　　　　　（b）　　　　　　　（c）　　　　　　　（d）

图 2-118 纸编篮子第二步

（3）篮身制作到一定的高度留一部分用笔卷一卷，用于装饰；取一根黄色的纸条作为提手，再折叠三个小三角形（图2-119）。

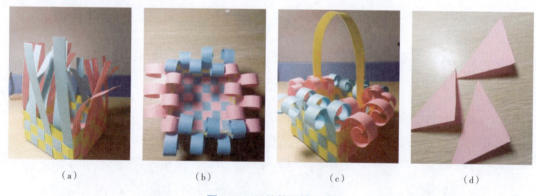

（a）　　　　　　　（b）　　　　　　　（c）　　　　　　　（d）

图 2-119 纸编篮子第三步

（4）在折叠后的三角形上分别画上弧线，剪出花朵形状并贴上黄色圆点作花蕊，粘贴装饰在提手上，完成好看的花篮（图2-120）。

（a）　　　　　　　（b）　　　　　　　（c）

图 2-120 纸编篮子第四步

任务六 纸贴画

一 纸贴画简介

纸贴画是中国民间剪纸的延续与发展，是以纸为材料，巧妙利用各种纸材，运用剪切、拼贴和组合制成的纸艺术作品。主要以花卉、人物、动物（图2-121）、风景（图2-122）等为题材，具有工艺性、绘画性、装饰性的艺术效果。

因制作的方法简单，取材便利，纸贴画在幼儿园教学中广泛运用，不仅在环境布置上得以应用，还可以在各种节日活动里，制作成贺卡送给父母。既提高了幼儿的动手操作能力、想象能力、思维能力和创造能力，又培养了幼儿的审美能力，促进了亲子关系。

图 2-121 动物纸贴画　　　　　图 2-122 风景纸贴画

想一想

纸贴画和撕纸画的区别在哪？

二 纸贴画的工具与材料

1. 纸贴画工具

纸贴画的工具有剪刀、美工刀、固体胶、双面胶、乳白胶、镊子等（图2-123）。

（a）剪刀　　　　　　　（b）美工刀　　　　　　　（c）固体胶

（d）双面胶　　　　　　（e）乳白胶　　　　　　　（f）镊子

图 2-123 纸贴画工具

2. 纸贴画材料

纸贴画的材料有彩色卡纸、手工折纸、海绵纸、皱纹纸、废旧挂历、书本纸、广告单、吹塑纸、泡沫板、KT 板等（图 2-124）。

（a）海绵纸　　　　　　（b）皱纹纸　　　　　　　（c）废旧挂历

（d）吹塑纸　　　　　　（e）泡沫板　　　　　　　（f）KT 板

图 2-124 纸贴画材料

三 纸贴画基本技法

1. 剪刻法

剪刻法是指用剪刀或者刻刀在纸张上面把想要的图案造型剪裁或者镂空雕刻出来，通过构思、取舍、剪裁、镂空等形式把各种纸张的色彩与肌理纹样巧妙结合起来的技法。巧用纸材和剪刀是剪刻法区别于其他技巧的主要特征（图 2-125）。

2. 拼贴法

拼贴法是纸贴画最常用的一种方法，是将纸材上各部分形象沿外形剪下，通过组合、重叠、拼贴，制作成需要的图案造型。在粘贴时可以由大到小、由下到上一层层拼贴，形成层次丰富的作品（图 2-126）。

图 2-125 剪刻花卉纸贴画　　图 2-126 拼贴花卉纸贴画

3. 添画法

添画法是指在制作纸贴画时，可以根据剪贴的主题内容采用简笔画的形式来进行装饰与添加，使作品更加生动有趣（图 2-127）。

4. 折叠法

折叠法是指在一张平面纸板上，利用直与曲的折线，使纸张具有立体效果。在制作纸贴画时，可以运用折叠法来制作某一物体，突出立体效果，使作品造型更形象生动（图 2-128）。

图 2-127 添画动物纸贴画　　图 2-128 折叠动物纸贴画

纸贴画和剪纸的区别是什么？

四 纸贴画造型实训指导

（一）花卉纸贴画制作——《油菜花》

制作步骤：

（1）工具材料准备：彩色卡纸、剪刀、铅笔、橡皮、彩色笔、固体胶等。

（2）在纸上画好图稿，并依次裁剪下来。把剪好的草丛粘贴在背景纸上；剪出叶子造型并折叠，画上油菜花枝干，将折叠好的叶子粘贴在油菜花枝干上（图2-129）。

（a）　　　　　　　　　　（b）　　　　　　　　　　（c）

（d）　　　　　　　（e）

图 2-129 纸贴画油菜花第一步

（3）在黄色纸上画出花朵造型，把花朵剪下来，将每朵进行折叠，再粘贴在花枝上（图2-130）。

图 2-130　纸贴画油菜花第二步

（4）用黄色纸剪出小蜜蜂造型，组合粘贴在油菜花上，并用黑色笔进行添画，完成作品（图 2-131）。

图 2-131　纸贴画油菜花第三步

（二）动物纸贴画制作——《小鸡与妈妈》

制作步骤：

（1）工具材料准备：彩色卡纸、剪刀、铅笔、橡皮、彩色笔、固体胶等。

（2）在绿色卡纸上画上山坡造型图稿，剪下并粘贴在蓝色卡纸上。小鸡与母鸡等造型依次用从黄色、白色卡纸上剪裁下来的圆形纸片进行折叠，并粘贴在相应的位置（图 2-132）。

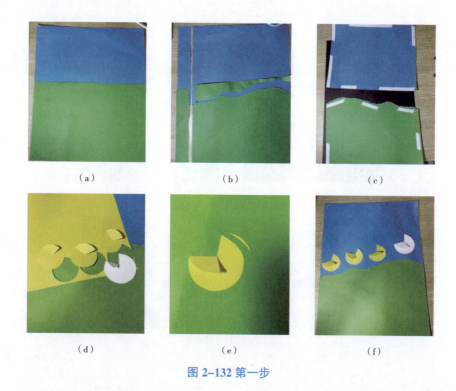

（a）　　　　　　　（b）　　　　　　　（c）

（d）　　　　　　　（e）　　　　　　　（f）

图 2-132 第一步

（3）裁剪并粘贴好母鸡的嘴巴、鸡冠和尾巴，把云朵、小草、花朵、太阳的造型画出来（图 2-133）。

（a）　　　　　　　　　　　　（b）

图 2-133 第二步

（4）剪裁出云朵、花朵、小草和太阳，依次粘贴在画面中并进行画面细节添画，完成作品（图 2-134）。

（a）　　　　　　（b）　　　　　　（c）　　　　　（d）

图 2-134 第三步

任务七　纸版画

一　纸版画简介

纸版画是用各种材质、各种纹理的纸板材料，经过不同的手段加工、制作、印刷的版画，具有独特的表现形式、造型语言和审美情趣。近年来，儿童纸版画得到了迅速广泛的发展，受到广大少年儿童的喜爱。

纸版画属于软性板材，可塑性强，易加工制作。纸版画的制作方法多种多样，可以剪贴、刀刻、手撕、镂空、揉折等，在印刷方式的选择上，无论黑白、套色、油印、水印、拓印、漏印均可。纸版画的艺术表现力非常丰富，具有优美的纸质肌理和自然情趣，可以制作出各种不同形式趣味的版画作品。

纸版画的主要类型有剪贴纸版画（图 2-135）和吹塑纸版画（图 2-136）。

图 2-135 剪贴纸版画

图 2-136 吹塑纸版画

想一想

剪贴纸版画和吹塑纸版画的区别在哪？

二 纸版画的工具与材料

1. 纸版画工具

纸版画工具有铅笔、圆珠笔、剪刀、刻刀、双面胶、白乳胶、画笔、调色盘、木蘑菇或马莲、橡胶滚筒、油墨、喷壶等（图 2-137）。

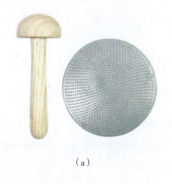
（a）

（b）

（c）

图 2-137 纸版画工具

2. 纸版画材料

纸版画材料有卡纸、宣纸、吹塑纸、瓦楞纸、素描纸、铜版纸、颜料（水粉、水彩、国画颜料）等（图 2-138）。

（a）

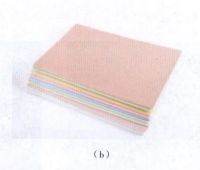
（b）

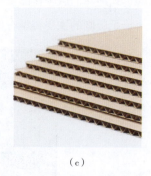
（c）

图 2-138 纸版画材料

三 纸版画的基本技法

纸版画制作容易，比较好掌握，各种不同纸张都是制作的好材料。而且纸的可塑性强，通过多种手法的处理，再运用不同的拓印方法，产生的效果是不一样的。纸板画是版画里独具特色的一种，适合于各个年龄段的儿童。

1. 刻线制版法

用硬性铅笔，圆珠笔，或其他类似圆珠笔笔头的金属、塑料、竹木材料等做画笔，在纸板上稍用力刻画来表现内容，所画的线应凹下去但不画穿纸板（图2-139）。

图 2-139 刻线制版法作品

2. 剪影制版法

把画在纸板上的图形用剪刀沿外轮廓剪下，贴在另一纸板上（也可不贴）。此法只表现物体的外形，适用于表现外轮廓有明显特征的物体（图2-140）。

3. 撕纸制版法

把画在纸板上的画和剪好的图形，用锋利的刀或刀片刻划需撕去的部分（深度不超过纸板一半左右厚），然后轻轻撕掉浅浅的一层或部分，使纸板这部分成为凹下去的粗糙块面。此法印出的画有灰色肌理块面（图2-141）。

图 2-140 剪影制版法作品　　　　图 2-141 撕纸制版法作品

4.拼贴制版法

用纸板把所剪好的图形分别做成若干部分，然后按先大块、后小块的顺序一层层、一块块拼贴成完整的图形，使各部分、各层之间高低错落（图2-142）。

图 2-142 拼贴制版法作品

四 纸版画造型实训指导

（一）剪贴纸版画制作——《美丽的花》

制作步骤：

（1）工具材料准备：彩色卡纸、素描纸、剪刀、铅笔、橡皮、版画油墨、滚筒、马莲等（图2-143）。

（2）在卡纸上画好图稿，图稿画完整后，将花瓶、花朵和叶子等造型依次剪裁下来（图2-144）。

图 2-143 准备好工具材料

   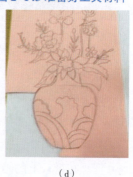

（a）　　　　　　　（b）　　　　　　　（c）　　　　　　　（d）

图 2-144 纸版画《美丽的花》第一步

（3）将剪好的物体依次粘贴在白色卡纸上，注意花朵的层次与细节，完成制版（图2-145）。

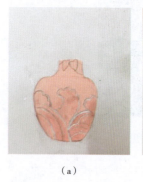   

（a）　　　　　　　（b）　　　　　　　（c）　　　　　　　（d）

图 2-145 纸版画《美丽的花》第二步

（4）在粘贴好的拼贴画上用滚筒粘上油墨进行上色，一遍遍均匀滚刷，滚上一层油墨（图2-146）。

（a） （b）

图2-146 纸版画《美丽的花》第三步

（5）用白纸覆盖在拼贴画上，用马莲或用手均匀印压，灵活用力，最后轻轻揭开，一张剪贴纸版画就完成了（图2-147）。

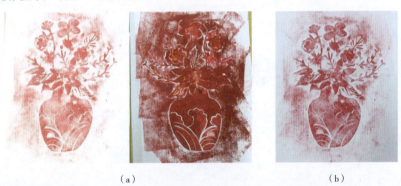

（a） （b）

图2-147 纸版画《美丽的花》第四步

（二）吹塑纸版画制作——《踏春》

（1）工具材料准备：吹塑纸、卡纸、水粉颜料、铅笔或压痕笔、橡皮檫、滚筒、小夹子或双面胶等（图2-148）。

（2）在素描纸上用铅笔画制图稿，起好形后把纸上的图稿转印到吹塑纸版上，再用铅笔或压痕笔刻版，加深一点吹塑纸版上的图稿痕迹（注意刻版时不能刻穿吹塑纸）。刻好版后，把白色卡纸和吹塑纸版夹在一起（图2-149）。

图2-148 准备好工具材料

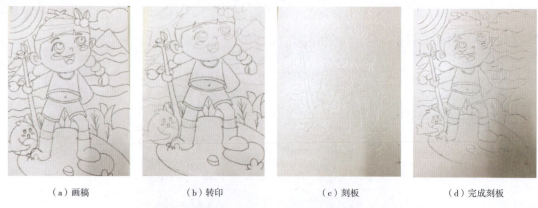

（a）画稿 （b）转印 （c）刻板 （d）完成刻板

图 2-149 纸版画《踏春》第一步

（3）在刻好的吹塑纸版上一边用水粉颜料上颜色，一边把夹好的白色卡纸压到吹塑纸版上进行印制。此处为水粉颜料，要用干画法，应少加水（图 2-150）。

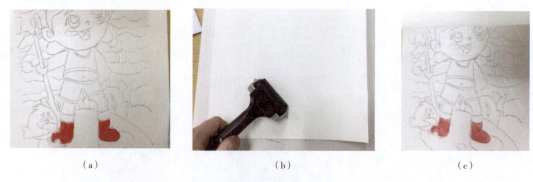

（a） （b） （c）

图 2-150 纸版画《踏春》第二步

（4）按步骤把吹塑纸版上所有的内容都上好色，并把图案颜色都压印在白色卡纸上（图 2-151）。

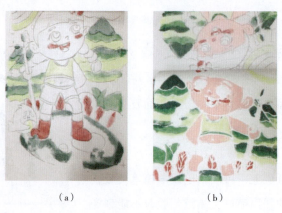

（a） （b）

图 2-151 纸版画《踏春》第三步

（5）全部颜色印压好后，可以深入上色，做一些颜色变化或者细节调整，再边上颜色边压印，最后完成作品（图2-152）。

（a）　　　　　　　　　　　　　　（b）

图 2-152 纸版画《踏春》第四步

考点聚焦

[考点梳理]

本模块知识在教师资格证面试中多有涉及，且多以手工制作及手工活动设计出现，需要应考者能看懂图意，完成手工制作，设计活动并模拟试讲。

[真题演练]

1. 题目：手工制作《爱心帽》

2. 内容：（1）手工制作

　　　　　（2）回答问题

爱心帽

对折剪

3. 基本要求

（1）用图画纸按图示步骤制作爱心帽。

（2）回答问题：

①运用爱心帽的制作方法还能制作哪些有趣的帽子（请说出两种变通方法）？

展开图

②你认为此内容适合 3 ～ 4 岁的幼儿制作吗？为什么？

请在 10 分钟内完成上述任务。

4. 主要考核目标

本展示活动主要考核考生手工制作的技能、创意和语言表达等能力以及对幼儿的了解程度。

思考与练习

1. 以海洋世界为题材，制作撕纸添画作品和撕纸贴画作品各一幅。

要求：主要形象突出，主次分明，疏密搭配有致，色彩搭配和谐，作品感染力强。作品尺寸为 8 开。

2. 以花卉为题材，尝试制作出半立体花卉主题作品或者立体花束一把。

要求：制作精美，主次分明，疏密搭配有致，感染力强。

3. 以花卉或蝴蝶为题材，用蜡光纸分别剪出三角、五角团花剪纸作品各一幅。

要求：造型美观，主次分明，疏密搭配有致，对比分明，剪线流畅、细腻精致，作品感染力强。贴在 8 开白卡纸上。

4. 以花园为主题，创编纸雕作品一幅。

要求：制作精美，主次分明，疏密搭配有致，内容形式有创意，作品感染力强。作品尺寸为 8 开。

布造型

学习目标

素质目标

★ 通过对传统民间布艺作品的欣赏，激发对传统布艺文化的喜爱和传承意识。

★ 通过多个布造型案例和实训指导，提升对幼儿手工教育的热爱。

知识目标

★ 认识布造型的基本工具材料，了解布造型的基本技法、成型技法和装饰技法。

★ 了解布艺手工的特点与表现形式，掌握布艺手工材料的特性与制作技法。

能力目标

★ 能熟练运用画样、缝制、拼贴等技法进行创作，培养较好的造型能力和创作能力。

★ 能熟练运用布艺工具材料创作儿童喜爱的布偶、玩具。

单元导航

布造型
- 布艺花果造型
  - 布艺花果造型简介
  - 布艺花果造型的工具与材料
  - 布艺花果造型的基本技法
  - 布艺花果造型实训指导
- 布艺玩偶造型
  - 布艺玩偶造型简介
  - 布艺玩偶造型的工具与材料
  - 布艺玩偶造型的基本技法
  - 布艺玩偶造型实训指导

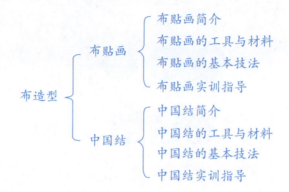

情境导入

"我要做一朵最美丽的布花，因为它可以开放很久很久！"

"天冷了，我要给我的小布熊做一件棉背心。"

"有布娃娃作伴，我就不孤单了。"

……

　　幼儿园的娃娃家是幼儿流连忘返的活动区，孩子们在娃娃家精心地照料自己心爱的小伙伴——布娃娃，和布娃娃说着悄悄话，给布娃娃穿上为它们精心制作的花衣裳，用美丽的布花、布贴画装饰娃娃家。用各种手工技艺做出来的布艺作品蕴藏着传统文化的印记，散发着温暖、拙朴的气息，包含着特殊的情感和美好的回忆。让我们与孩子们一起进入布的世界吧，探究布的特性和用途，和布一起做游戏！

任务一　布艺花果造型

一　布艺花果造型简介

　　各种花纹、各类质感的布与我们的生活紧密相连，五彩的布衣、鞋、包等布制品是我们的日常必备物，多样的布窗帘、布桌饰、布制工艺作品装点着我们的生活。布艺造型是一种以布为原材料进行手工制作的工艺品，是集绘画、剪纸、刺绣、手工缝制工艺为一体的综合艺术。布艺造型的实用性是它区别于其他工艺品的特点之一。布艺造型种类繁多，可以按使用功能分类，也可以按照空间、设计特色、加工工艺等分类。用布材料来进行创意设计的布艺花果手工作品在幼儿园应用很广泛，可以作为教师的活动教具或者幼儿的玩具，还可以作为区域环境的装饰品。花儿的造型特点是花瓣的形状统一，可以裁剪相同形状的布片，通过组合整形的技法做成花朵（图3-1）。瓜果的造型特点是形状简洁，通过裁剪不同局部的布片，缝合连接局部成为完整造型（图3-2）。

图 3-1 布艺花

图 3-2 布艺瓜果

二　布艺花果造型的工具与材料

布艺花果造型材料主要是各色布料，包含棉布、麻布、毛毡布、化纤布等；并配以各色彩线、纽扣、棉花等辅料（图3-3）。主要工具有针、剪刀、胶水等。

图 3-3 各色布料

想一想

各种不同的布料分别适用于制作哪些花果造型？

三　布艺花果造型的基本技法

布艺造型工序精细，制作技法精微而讲究，需要经历构思、制作、修整等过程。布艺品制作有四个步骤，即轮廓绘制、型片剪裁、连接缝制、粘贴整形。这里面包含着绘画、剪纸、刺绣等基本功。

1. 轮廓绘制

布艺花的轮廓绘制是分局部进行的，可以用铅笔描绘出基本形状，轮廓要清晰流畅，然后用印蓝纸将轮廓复印到塑料片上。

2. 裁片裁剪

用剪刀裁剪出裁片，根据设计确定花朵的花瓣布片数量、瓜果的局部布片数量，将裁片放在布料上，用剪刀沿着裁片的轮廓裁剪出相等数量的布片。裁剪要准确，剪切线整齐平滑。

3. 连接缝制

花果布艺最主要的手工制作技法是缝制，如果全部纯手工制作，注意缝制针脚要细密、匀称、整齐。缝布边一般采用平针法，收布口则适宜采用连针法。

4. 粘贴整形

花果布艺作品的花托、果蒂等细节部分，通常会用胶水黏合衔接，如果还有其他点缀部件也宜采用粘贴的方法，这样就不会让花果的主体形状因针线外力拉扯而变形，在粘贴的同时整理并完成造型。

四　布艺花果造型实训指导

（一）布艺花果造型制作——《玫瑰花》

制作步骤：

（1）准备粉红色和绿色的毛毡布及剪刀、胶水等材料，剪刻出叶片和花朵布片（图3-4）。

（2）用一片花瓣包住泡沫球作为花蕊（图3-5）。

图 3-4 剪刻布片　　　　　　　图 3-5 制造花蕊

（3）花瓣边缘用铁丝卷曲，让花瓣自然逼真（图3-6）。

（4）层层花瓣叠加并且包围花蕊，用胶水固定（图3-7）。

图 3-6 卷曲边缘

图 3-7 粘贴花瓣

（5）将花托从铁丝穿过，抵住花朵根部并粘好（图 3-8）。

（6）将新剪好的叶片粘贴固定在铁丝上，整理玫瑰花瓣，完成毛毡布玫瑰花制作（图 3-9）。

图 3-8 花托

图 3-9 粘贴叶片

（二）布艺花果造型制作——《柿子》

制作步骤：

（1）准备彩色棉布、同色线、针、剪刀、胶水等工具材料（图 3-10）。

（2）裁剪橘色布柿果、绿色布叶子、粉色布果蒂的裁片（图 3-11）。

图 3-10 工具材料准备

图 3-11 裁剪裁片

（3）将两片叶子裁片贴合缝制，将粉色果蒂布片包裹棕色果柄线缝制并收口（图 3-12）。

（4）将叶子和果蒂、果柄缝制固定（图 3-13）。

图 3-12 缝制裁片

图 3-13 缝制固定

（5）将几片柿果布裁片缝合在一起，塞入高弹性棉花后缝制收口（图 3-14）。

（6）将柿果和果蒂部分用胶水固定好，整理造型并完成制作（图 3-15）。

图 3-14 缝制柿果

图 3-15 组合固定

任务二　布艺玩偶造型

一　布艺玩偶造型简介

　　孩子们喜欢可爱、温馨而柔软的毛绒玩具、布娃娃，一些孩子晚上一定要搂着毛绒玩具才能安心睡觉。各种布艺玩偶造型无论是色彩还是材质都给人一种温暖而愉悦的感觉，布艺玩偶的舒适触感和安全感是儿童依恋的重要部分。布艺玩偶富有浓郁的生活气息和情趣，集"雕塑性"和"柔软性"于一体，在艺术形态上类似于现代艺术中的"软雕塑"。布艺玩偶品类繁多，工艺精巧，它将形、色、情、意融为一体，构思新奇，夸张合理，造型生动活泼，具备启蒙教育、开发智力及审美功能，是民间社会生活的物化形态（图 3-16、图 3-17）。

　　布艺玩偶制作的工具材料和布艺花果制作的工具材料相同，选择布料可以根据玩偶的类型确定，一般棉布和绸缎用于制作体型较大的布艺玩偶，厚实的毛呢适合制作动物玩偶，毛茸茸的布料可用于制作小型玩偶。

图 3-16 动物玩偶　　　　图 3-17 人物玩偶

二　布艺玩偶造型的工具与材料

布艺玩偶造型材料主要是各色布料，包括棉布、绒布、纱布、麻布等；并配以各色彩线、纽扣、棉花等辅料。

工具主要有针、剪刀、胶水等。

三　布艺玩偶造型的基本技法

1. 设计造型

布艺玩偶的形象要预先在草图上绘制确定，布偶的轮廓绘制是分局部进行的，可以用铅笔描绘出基本形状，轮廓要清晰流畅，然后用印蓝纸将轮廓复印到塑料片上。

2. 裁片裁剪

用剪刀裁剪出裁片，再将主体裁片放在布料上，固定后剪下两块布片，裁剪的位置要准确，保持面对面。布艺玩偶其他部分，例如耳朵、腿、臂等，逐一通过裁片将布料剪成所需布片。

3. 填充缝制

布艺玩偶的填充物可以用棉花或者种子、草料，填充时要做到物料紧实、饱满。用平针法缝布边时留出填料入口，再用连针法缝制收口。

4. 刺绣粘贴

布艺玩偶的五官可以采用刺绣方法制作，玩偶的服装也可以绣出花纹，可采用挑绣和堆绣的制作技法。点缀件通常用胶水黏合衔接，在粘贴的同时整理完成造型。

 想一想

常用的布艺玩偶收口缝制的针法有哪些？

四 布艺玩偶造型实训指导

（一）布艺玩偶造型制作——《袜子萌兔》

制作步骤：

（1）准备条纹袜子、剪刀、棉线、纽扣等工具材料（图 3-18）。

（2）裁剪出兔子娃娃的头部、身体和手臂部分的袜子布片（图 3-19）。

图 3-18 工具材料

图 3-19 裁剪布片

（3）将裁剪的布片缝制并留出收口部分（图 3-20）。

（4）在缝制好的部件内塞入高弹性棉花（图 3-21）。

图 3-20 缝制布片

图 3-21 塞入棉花

（5）将兔子娃娃头部、手臂等部分缝合为整体（图 3-22）。

（6）在兔子娃娃脸部用纽扣、黑棉线缝制出五官，整理造型并完成制作（图 3-23）。

图 3-22 整体缝合

图 3-23 缝制五官

（二）布艺玩偶造型制作——《汉服美娃》

制作步骤：

（1）准备粉色绒布、乔其纱布、棉线、针、剪刀、高弹性棉花等工具材料（图 3-24）。

（2）在粉色绒布上裁剪出娃娃的头、胳臂等身体各部分的裁片（图 3-25）。

图 3-24 工具材料

图 3-25 裁剪裁片

（3）缝制各部分的裁片使身体成型，塞入高弹性棉花做出娃娃的身体模型（图 3-26）。

（4）用乔其纱布缝制娃娃的上衣和裙子（图 3-27）。

图 3-26 缝制身体

图 3-27 缝制服饰

（5）将衣裙穿戴到立体娃娃模型的身体上（图 3-28）。

（6）整理娃娃的头发和头饰，完成汉服美娃的制作（图 3-29）。

图 3-28 穿戴衣裙

图 3-29 成品

任务三 布贴画

一 布贴画简介

布贴画原名为宫廷补绣，又叫布堆画、布贴花、布摞花，还叫拨花，是我国民间常见的一种艺术形式。可以根据不同主题的需求，采用不同色彩、不同质地、不同形状的布块，通过布缝和补花的工艺，重新将布块进行剪切、排列、组合、拼贴，创作出画面具有浮雕感的工艺品或装饰艺术品。底子多用白色，也可选用其他颜色的布料，视所要表现的内容而定。

布贴画的起源可追溯到人们学会织布的时候。在《周礼》中曾记载"刻绘为雉翟"，大意就是将雉鸟的图案缝贴到皇后的衣服上。布贴画具有色彩丰富、形式新颖、制作方便、趣味性强等特点，具有笔墨所不能替代的奇妙感。有的布贴画色彩淡雅，古朴沉稳，有的布贴画色彩丰富，鲜艳喜庆，具有民族特色的布贴画在反映地方风土民情的同时，也表达了美好的期盼与祝愿，深受人们喜爱。

布贴画从种类上可分为人物类、动物类、植物类、景物类、民间传说类、吉祥图案类等等。

二 布贴画的工具与材料

1. 布贴画工具

布贴画的工具有剪刀、镊子、复写纸、圆珠笔、纸版、白纸、棉花、毛线、白乳胶或酒精胶等。

2. 布贴画材料

布贴画最重要的材料就是布。随着科技的不断进步，布的种类也越来越多，图案越来越丰富，生活中常见的布的类型主要有棉布、粗布、麻布、不织布等（图3-30）。

（a）棉布　　　　　　　（b）粗布　　　　　　　（c）麻布　　　　　　　（d）不织布

图3-30 布贴画材料

三 布贴画的基本技法

1. 剪贴法

将构思好的画稿的反样拓描在选好的布料上，用剪刀剪出各部分的分割片，再粘贴组合成整幅画（图 3-31）。

2. 直接包边法

将整幅画稿拓描在硬纸板上，用剪刀将硬纸板上的图案分别剪下来，在剪好的局部硬纸板正面表层均匀地抹上一层薄薄的白乳胶或酒精胶，蒙上色布粘贴好。粘贴的时候要注意边缘的贴合度，尽量不要留有缝隙，并剪掉多余的色布，然后将包好色布的局部硬纸板反面用白乳胶或酒精胶粘贴好，再把各部分组合成整幅画（图 3-32）。

3. 垫棉粘贴法

基本步骤与直接包边法相同，只是为了增加画面的立体感与浮雕感，需要在硬纸板与色布之间垫上一层丝绵（图 3-33）。

图 3-31 剪贴法布贴画　　　　图 3-32 直接包边法布贴画　　　图 3-33 垫棉粘贴法布贴画

4. 捏褶法

将所要表现的面分割成有层次的几个组合分别包边，再组合成完整的结构。这种方法使画面的层次感更强，装饰效果更显丰富。捏褶法常用于制作出衣服的褶皱，花朵、叶子的层次感（图 3-34）。

5. 贴线法

用浆过的绣线来表现细节部分，增强画面的细节表现力。贴线法常用于表现叶脉、花茎、人物的五官等细节部分（图 3-35）。

6. 刺绣法

用绣花的针法绣出表现物的结构，能使画面产生立体的效果。刺绣的方法广泛使用在形象的内部结构上，可使所要表现的形象更加精致，增加画面的真实感。刺绣法常用于表现服饰的褶皱、花草的细节处理，以及人物的五官的处理（图 3-36）。

图 3-34 捏褶法布贴画　　　　图 3-35 贴线法布贴画　　　　图 3-36 刺绣法布贴画

 想一想

布贴画与纸贴画的区别有哪些？

四　布贴画实训指导

（一）布贴画制作——《小老虎》

制作步骤（图 3-37）：

（1）用铅笔在白纸上设计线稿，在画的时候要注意每一部分的比例关系。

（2）将设计好的线稿纸样沿各个局部边缘剪开，分别放到色布上剪出局部布块。

（3）将布贴画所有局部布块剪好，放到一张图画纸上备用。

（4）将乳白胶或酒精胶均匀地涂抹在布块的背面。

（5）由底层向表层依次粘贴，最后完成作品。

（a）　　　　　　　　　　　（b）　　　　　　　　　　　（c）

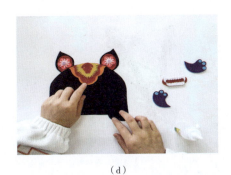
(d)

(e)

图 3-37 布贴画《小老虎》制作步骤

（二）布贴画制作——《竹子》

制作步骤（图 3-38）：

（1）选择麻布做底衬，裁一张与布贴画等大的图画纸，用铅笔在图画纸上设计线稿。

（2）准备一张硬度适中的硬纸板，比照设计好的线稿纸样用剪刀将设计好的图案分别剪下来，剪的时候要细心，注意硬纸板边缘保持圆滑。

（3）将剪好的局部硬纸板分别放到色布上剪出局部布块，剪的时候色布要比纸板形状大出一圈。选色的过程中要注意色彩的搭配和整个画面的比例与统一。

（4）在局部硬纸板的正面表层均匀地抹上一层薄薄的白乳胶或酒精胶，蒙上色布并粘贴好。粘贴的时候要注意边缘的贴合度，尽量不要留有缝隙。

（5）按照以上步骤分别完成以后，将其粘到事先准备好的麻布画框上，把各部分组合成整幅画。可对整幅画做细节的调整。

（6）最后完成作品。

(a)

(b)

(c)

(d)

（e）   （f）

图 3-38 布贴画《竹子》制作步骤

任务四 中国结

 中国结简介

　　中国结，是一种中国特有的传统民间艺术形式。古称"络子"，全称为"中国传统装饰结"，因为其外观对称精致，符合中国传统装饰的习俗和审美观念，故命名为中国结。它的历史悠久，最早始于上古先民的结绳记事。

　　周朝人随身佩戴的玉常以中国结为装饰，而战国时代的铜器上也有中国结的图案，延续至清朝中国结才真正成为盛传于民间的艺术。在当代，中国结多用于亲友间的馈赠、室内的点缀装饰。同时，中国结作为中国传统文化的象征，以其独特的东方神韵深受各国朋友的喜爱。

　　中国结的特点是每一个结从头到尾用一根线编结而成，每个基本结又根据其形、意而命名。中国人民把不同的结饰进行多层次的组合与变化，或与其他有吉祥图案的饰物进行搭配组合，创造出造型独特、绚丽多彩、具有美好象征寓意的传统吉祥饰物，并使其发展成为我国传统文化中的一个重要组成部分。

想一想

　　一般的绳结与中国结有什么区别？

二 中国结的工具与材料

1. 中国结工具

剪刀，珠针或大头针（用于固定线绳），保利龙板或泡沫板（便于插入珠针，方便理清线的盘绕、穿插），镊子（可用来帮助编结时的挑、穿、压），打火机，胶棒，热熔胶，等等。

2. 中国结材料

（1）主要材料

中国结的主要材料为线材，线的种类和颜色很多，适合编织中国结的线有棉线、麻线、合成纤维、织绳、尼龙绳等。

（2）辅助材料

中国结的辅助材料即人们常说的配件，常见的有各种大小、材质的珠子、流苏、金属配件等（图3-39）。

 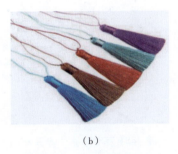 

（a）　　　　　　　　　　（b）　　　　　　　　　　（c）

图 3-39 中国结辅助材料

三 中国结的基本技法

1. 双平结

平结是最古老、最通俗和最实用的绳结。除了可用来连接粗细相同的线绳外，也可以用于编制手镯、挂链等饰物或编制动物图案。其具体编结步骤如下（图3-40）。

（1）准备两根线绳，将线绳交叉摆好。

（2）左线挑黄线压右线，右线压黄线挑左线。

（3）把左右两边的绳子拉紧，左线压黄线挑右线，右线挑黄线压左线。

（4）重复此步骤多次，注意每个平结挨紧密一些。

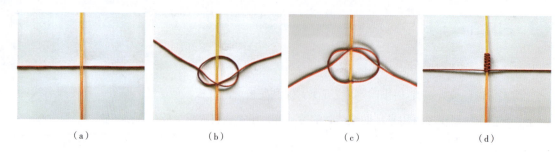

（a）　　　　（b）　　　　（c）　　　　（d）

图 3-40 双平结技法步骤

2. 万字结

万字结常用来做结饰的点缀，其具体编结步骤如下。

（1）将红线和黄线的一头用打火机略烧后对接成一条线，对折并摆好。将红线打结，形成右圈。用黄线做出左圈。如图 3-41 所示。

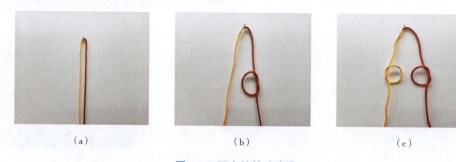

（a）　　　　　　（b）　　　　　　（c）

图 3-41 万字结技法步骤一

（2）将左圈从右圈中拉出，将右圈从左圈中拉出，将线绳拉紧并进行调整，如图 3-42 所示。

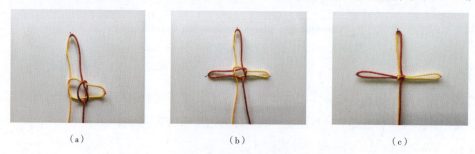

（a）　　　　　　（b）　　　　　　（c）

图 3-42 万字结技法步骤二

3. 双钱结

双钱结，又称金钱结，以两个古铜钱状相连而得名，象征"好事成双"。本结常被应用于编制项链、腰带等饰物，而利用数个双钱结的组合，更可构成美丽的图案，如云彩、十全结。其具体编结步骤如下。

（1）将红线和黄线的一头用打火机略烧后对接成一条线，对折并摆好。将红色线绕圈压黄色线、黄色线压红色线，如图 3-43 所示。

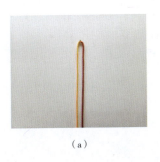
（a）

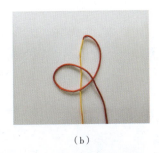
（b）

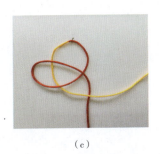
（c）

图 3-43 双钱结技法步骤一

（2）继续挑 1 压 1，调整好绳结的形状，拉紧绳结，如图 3-44 所示。

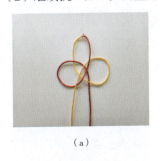
（a）

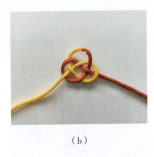
（b）

（c）

图 3-44 双钱结技法步骤二

4. 双联结

此结是以两个单结相套连而成，故名"双联"。双联结是比较实用的一种中国结，因为它的结形小巧，且不易松散，因此常被用于编制中国结饰的开端或结尾，有时也用以编制项链或腰带中间的装饰结。其具体编结步骤如下。

（1）将红线和黄线的一头用打火机略烧后对接成一条线，对折并摆好；黄线压红线绕出右圈，再用黄线压、挑，穿出右圈，如图 3-45 所示。

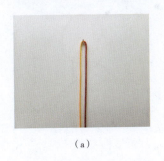
（a）

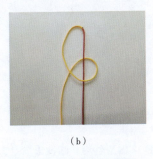
（b）

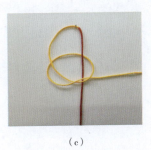
（c）

图 3-45 双联结技法步骤一

（2）红线按顺时针方向绕出左圈，向下穿出右圈；将红线圈从左圈中拉出，再将线绳拉紧并进行调整，如图 3-46 所示。

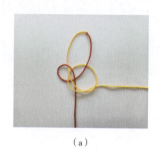
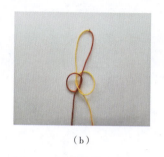
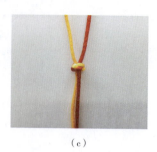

（a）　　　　　　　　　　（b）　　　　　　　　　　（c）

图 3-46 双联结技法步骤二

5. 双线纽扣结

双线纽扣结一般用于固定线头，因此可用于一些结饰的开头和收尾。其具体编结步骤如下。

（1）将红线和黄线的一头用打火机略烧后对接成一条线，对折并摆好；红色线绕一个圈，压在黄线上；红线向上翻一圈，再压到黄线上，如图 3-47 所示。

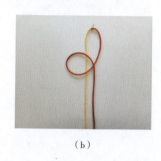
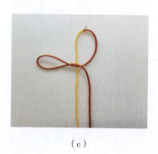

（a）　　　　　　　　　　（b）　　　　　　　　　　（c）

图 3-47 双线纽扣结技法步骤一

（2）黄线从红色线下方穿绕过，再压过 2 条红色线，然后挑起黄色线，再压红色线穿出来；将红线下端的线向上翻；再将红色线绕到线的下方，从中间的圈穿出，如图 3-48 所示。

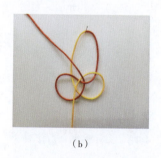
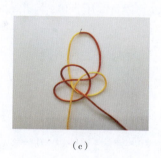

（a）　　　　　　　　　　（b）　　　　　　　　　　（c）

图 3-48 双线纽扣结技法步骤二

（3）黄色线从红线下方由左到右绕到顶部，也从中间的圈穿出；将线拉紧，调整好结形，如图 3-49 所示。

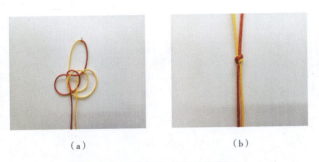

（a）　　　　　　　　　　　（b）

图3-49 双线纽扣结技法步骤三

6. 二耳酢浆草结

二耳酢浆草结一般用来做一些结饰的开头，比如龙形结、鹤结等。其具体编结步骤如下（图3-50）。

将两根红线的一头用打火机略烧后对接成一条线，对折并摆好；右线挑1压1，形成2个圈；右线继续从左圈进去，穿过右圈再从左圈回来；将线拉紧并整理，完成。

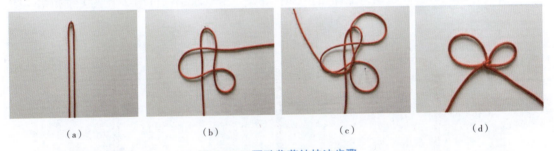

（a）　　　　　　（b）　　　　　　（c）　　　　　　（d）

图3-50 二耳酢浆草结技法步骤

7. 吉祥结

（1）将红线和黄线的一头用打火机略烧后对接成一条线，对折并摆好；用珠针分出4边，尾线对折压右边的线圈（图3-51）。

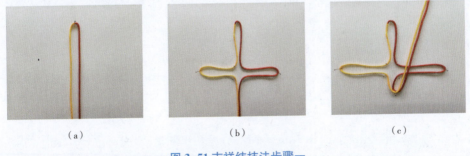

（a）　　　　　　　　（b）　　　　　　　　（c）

图3-51 吉祥结技法步骤一

（2）将红色线圈和中间的线圈依次分别逆时针压2个线圈，再将黄色线圈压2个线圈，从尾线形成的线圈中穿过；拉紧4个耳翼，用同样方法再做1遍，拉紧即可（图3-52）。

（a）　　　　　　　　　（b）　　　　　　　　　（c）

图 3-52 吉祥结技法步骤二

四 中国结实训指导

（一）中国结制作——《小蜻蜓》

小蜻蜓编织可爱灵动，简单易学，编织好的小蜻蜓可以作为饰品使用。其制作步骤如下。

（1）将线对折编双联结，上面留 1 cm；连编 7 个双联结，再编 2 个双线纽扣结（图 3-53）。

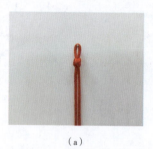  

（a）　　　　　　　　　（b）　　　　　　　　　（c）

图 3-53 《小蜻蜓》编织步骤一

（2）两线各穿 1 颗珠子做眼睛，然后编 1 个双平结，把双平结拉紧（图 3-54）。

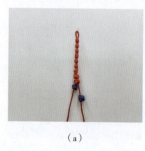 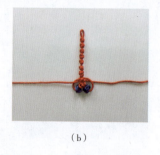 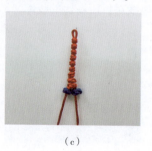

（a）　　　　　　　　　（b）　　　　　　　　　（c）

图 3-54 《小蜻蜓》编织步骤二

（3）用黄色线编 2 个二耳酢浆草结当作翅膀，将做好的翅膀粘上即可（图 3-55）。

（a）　　　　　　　　　　　（b）

图 3-55 《小蜻蜓》编织步骤三

（二）中国结制作——琵琶结

琵琶是一种古典乐器，琵琶结因形状似琵琶而得名。琵琶与枇杷同音，枇杷是吉祥之果，人们称其为"满树皆金"，因此琵琶结也有吉祥之意。其制作步骤如下。

（1）先编 1 个双线纽扣结，右线绕圈压左线，右线逆时针绕成圈（图 3-56）。

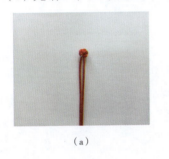 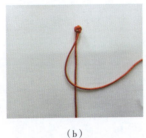 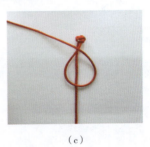

（a）　　　　　　　　　　（b）　　　　　　　　　　（c）

图 3-56 琵琶结编织步骤一

（2）绕过纽扣结继续走线，重复绕圈共编 4 次，最后将线从中间穿出，即完成（图 3-57）。

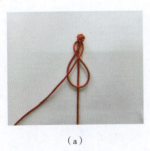 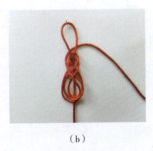 

（a）　　　　　　　　　　（b）　　　　　　　　　　（c）

图 3-57 琵琶结编织步骤二

思考与练习

1. 以花卉为题材，尝试制作出布艺花束一把。

要求：制作精美，主次分明，色彩搭配和谐，富有创意。

2. 以中国元素为题材，尝试制作出布贴画一幅。

要求：主要形象突出，主次分明，剪线流畅，细腻精致，作品感染力强。贴在 8 开白卡纸上。

单 元 四

泥造型

学习目标

素质目标

✦ 通过欣赏传统民间泥塑作品，激发爱国热情和传承传统文化的意识。

✦ 通过多个泥造型案例和实训指导，培养工匠精神，提升对幼儿手工教育的热爱情怀。

知识目标

✦ 认识陶艺的基本工具材料，了解泥造型的基本技法、成型技法和装饰技法。

✦ 了解现代彩泥的特点与表现形式，掌握轻黏土材料的特性与制作技法。

能力目标

✦ 能熟练运用泥条盘筑法进行创作，培养较好的造型能力和创作能力。

✦ 能熟练运用超轻黏土创作儿童喜爱的卡通人物与动植物形象。

单元导航

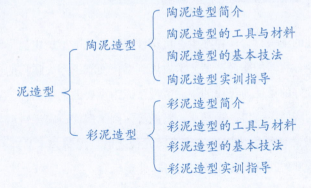

情境导入

"有位好朋友长着一双大眼睛，还有小鼻子、小嘴巴，请小朋友们猜猜他是谁呢？"

"是猫！""是兔子！""是甜甜！"

在一次热烈愉快的猜谜游戏中，某幼儿园中班老师及时肯定了幼儿们的回答，然后拿出了四个彩泥作品给小朋友们欣赏。

"老师带来了四个有趣的小朋友，请你们边看边想，把看到的感受告诉大家。"

"第一个是一个小男孩正准备踢足球，感觉很有力气呀！"

"第二个是苹果娃娃，眼睛眯成一条缝，张开大嘴巴，露出两颗小门牙，正在朝我们傻笑呢！"

"那个姐姐的脸真美，特别是她的嘴巴像两片花瓣。"

……

中班李老师正在进行一堂生动的彩泥造型教学活动，通过欣赏生动形象的彩泥范作、教师的课堂示范及指导，幼儿们玩得不亦乐乎，沉浸在快乐的彩泥体验活动中。

彩泥，尤其是超轻黏土柔软、细腻、鲜艳多色，可塑性非常强，深受小朋友喜爱。那么，幼儿教师应该如何进行泥造型示范教学？泥造型教学需要具备什么能力？还有什么材料具备可塑性呢？下面，请一起来探索泥造型的奥秘，感受陶泥造型和现代彩泥造型带来的不一样的美感体验吧！

任务一　陶泥造型

一　陶泥造型简介

陶泥是一种有黏性的土壤，含沙粒很少，可塑性强。陶泥造型历史最早可上溯到新石器时期，其后一直延续至今。我国的陶泥造型艺术发展到秦代便有了令人瞩目的成就，举世闻名的秦始皇陵兵马俑就是最好的见证。汉代的陶泥造型已成为重要的艺术品种，考古工作者从两汉墓葬中发掘出了大量的陶俑、陶兽、陶马车、陶船等。到了唐代，陶泥造型艺术达到了顶峰，被誉为"雕圣"的杨惠之就是唐代杰出的代表。元代之后，泥塑艺术品在社会上仍然流传不衰，尤其是小型陶泥造型，既可观赏陈设，又可让儿童玩耍。

陶泥造型主要有两种类型：一种是浮雕式造型（图4-1），另一种是圆雕式造型（图4-2）。

图 4-1 浮雕式造型　　　　　　　　　图 4-2 圆雕式造型

想一想

浮雕式造型和圆雕式造型的区别在哪?

二 陶泥造型的工具与材料

1. 陶泥造型工具

陶泥造型最好的工具是手,但仅仅有手是不够的,还需要其他工具辅助,才能创作出优秀的作品。初学者常用的工具有双头刮刀、黄杨木质刀具(图 4-3),这些工具用来刮、碾、切都可以。此外,陶泥造型工具还有木搭子和手动转盘(图 4-4、图 4-5)。木搭子是捶打陶土的工具,可将泥块捶打成泥板;手动转盘可用作盘泥条或围泥条时的底板,也可用木板或其他平整的物体代替。有陶泥特色活动的幼儿园也可有拉坯机,通电自动旋转,可以用来拉坯、修坯、画坯、上釉(图 4-6)。

图 4-3 双头刮刀、刀　　　　　　图 4-4 木搭子　　　　　　　图 4-5 手动转盘

2. 陶泥造型材料

陶泥是一种以蒙脱石、高岭土等为主要矿物成分的有黏性的天然材料,可塑性较强,可用来制作手工作品、装饰摆件、各种器皿等,高温烧制后可定型,不易碎。陶泥本身颜色较少,

以灰白、黄褐色、红褐色较为常见（图 4-7）。

图 4-6 拉坯机

图 4-7 多色陶泥

三 陶泥造型的基本技法

制作陶泥作品之前需要和泥、揉泥，将泥揉匀揉实，使表面光滑没有裂痕。在进行陶泥造型的过程中，通常用到一些最基本的操作方法，如捏塑、搓条、压扁、撵平、盘编、黏合、切、刻、挖、刮等，以满足不同特色的造型要求。选用不同的造型技法和工序，造型风格就会各有特色，常见的有手捏成型法、泥条盘筑法、泥板成型法、拉坯成型法、印模（印坯）成型法、泥浆铸件成型法等六种成型技法。由于幼儿的手指协调能力有限，幼儿在学习过程中，可以充分利用手捏成型法、泥条盘筑法和泥板成型法进行造型。

1. 手捏成型法

直接用手捏的方法叫作手捏成型法，这种方法对制陶技术要求不高，可以不借助工具，因此受众面广，更能体现泥塑乐趣。手捏成型法没有外在条件限制，创作内容可自由发挥，手制的作品表面会产生自然的肌理效果，作品有独特性，幼儿易掌握（图 4-8、图 4-9）。

图 4-8 手捏成型法《骆驼》

图 4-9 手捏成型法《陶俑》

2. 泥条盘筑法

泥条盘筑是指从器物底部向上，一层一层有规律地盘筑泥条，形成造型。特殊造型的器物需要调整泥条的排列方式，盘筑过程中每层泥条之间要压实加固，每层之间用泥浆黏合可起到密封器物内部的作用。底部制作，压一块薄厚适中的泥饼作为陶泥作品的底部，泥饼边缘可用工具加工规整，底部如有图案可以先处理。泥条制作，用揉匀的陶泥搓出粗细均匀的泥条备用，如果环境较干燥，泥条不要一次搓太多，长时间不用的泥条水分流失，容易干裂，也不易盘筑（图4-10、图4-11）。

图4-10 泥条盘筑法（器物）　　图4-11 泥条盘筑法（人物）

3. 泥板成型法

把陶泥拍成泥块或滚压成板状，再镶接成型的方法叫作泥板成型法。制作泥板时借助拍泥板、擀泥棒等工具更能达到薄厚均匀平整的要求，运用泥板导轨条能控制泥板的厚度，泥板的厚度要根据陶艺作品的大小决定。制作挺直规整的作品时，陶泥稍干一点，泥板就会硬挺，适合制作圆雕陶器器皿（图4-12）；需要弯曲、扭卷时，陶泥湿软一些更适应做丰富多变的造型（图4-13）。可通过在泥板上直接刻、划、堆等来塑造形象，增加造型感，形成一定厚度的浮雕泥板作品（图4-14）。

图4-12 泥板成型（茶壶）　　图4-13 泥板成型（人物）　　图4-14 泥板成型（头像）

为了美化陶泥造型，还可特意运用某一基本技法进行外形上的装饰加工。如在盘筑成型坯上增加镂空装饰、彩绘装饰（图4-15、图4-16），在泥板成型坯上增加捏塑装饰（图4-17）。

图4-15 镂空装饰　　图4-16 彩塑《渔樵问答》　　图4-17 捏塑装饰

想一想

手捏成型法、泥条盘筑法、泥板成型法三者的区别在哪?

四 陶泥造型实训指导

(一)陶泥圆雕制作——《绵羊和山羊》

喜欢小动物是每个小孩的天性。运用陶泥制作绵羊和山羊,正好契合幼儿的兴趣点,以其熟悉并喜欢的小动物为主题,使幼儿自然而然增进对动物的亲近之情,提高他们的动手能力。

制作步骤:

(1)准备两块相同分量的陶土,用于制作绵羊和山羊(图4-18)。

(2)搓成两个圆球体,用手将其捏塑出羊的身体(图4-19)。

(3)将一小块陶土搓成长条,切成长短不一的8段,长条作为后肢,短条作为前肢;黏结前肢与身体,前肢呈匍匐状造型,后肢黏结在臀部两侧,并刻画羊蹄;将小块陶泥捏为水滴状,塑造两个相同的羊头并黏结在羊身上(图4-20、图4-21)。

(4)用管状工具在一只羊身上印出卷纹,模拟绵羊毛造型(图4-22);粘贴羊尾。

(5)用刀分割羊嘴,塑造嘴部呈半张开,刻画鼻唇部的造型;搓两个胖胡萝卜造型泥条,压扁塑造成为绵羊的弯曲耳朵,并粘贴小球状眼睛(图4-23)。

图4-18 准备

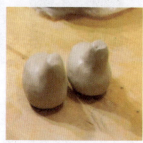
图4-19 制作身体

图4-20 黏结前肢

图4-21 黏结后肢和羊头

图4-22 绵羊毛造型

图4-23 塑造面部和耳朵

（6）用筛网挤压一小块陶土，用针形工具塑造羊毛造型（图4-24）。

（7）在另一只塑造好的羊身上划出山羊的羊毛纹路，用楔形工具划出腹部的羊毛，并制作小而短的耳朵，捏塑出耳蜗，刻画嘴、眼（图4-25）。

（8）做两条长长的胡萝卜状泥条，压出螺旋状纹路，制作成山羊角，组合（图4-26）。

（9）注意眼睛、耳朵形状的完整性，抹平黏结边缘，使其牢固光滑，调整完成（图4-27）。

图4-24 绵羊头顶羊毛造型　　图4-25 制作山羊毛发、耳朵　　图4-26 制作山羊角

图4-27 成品

（二）陶泥浮雕制作——《骏马》

马是人们很喜爱的十二生肖动物之一，寓意为奔放、潇洒、速度、俊美、成功，其制作步骤如下：

（1）准备手动转盘、工具和一定量的陶土，用拍泥板或手按压制作泥板（图4-28）。

（2）用尖头雕刻刀或无墨的笔勾画骏马的外轮廓，注意结构和动态准确（图4-29）。

图4-28 制作泥板　　　　图4-29 画形

（3）先用泥简单堆塑马的身体、头部、尾巴、左边腿的体块（图4-30）。

（4）加强塑造马的结构，如肚子的凸起，肌肉的圆润，鬃毛飞扬的动感（4-31）。

图4-30 堆塑基本体块　　　　　　图4-31 加强结构塑造

（5）用手捏塑眼部、腿部、毛发等细节，注意毛发的层次对比（图4-32）。

（6）刻画眼部，使之精神饱满，并用水抹平马身，使之光滑俊美（图4-33），调整完成。

图4-32 腿部、毛发细节塑造　　　　图4-33 抹平、调整完成

任务二　彩泥造型

一　彩泥造型简介

　　彩泥是幼儿园常见的手工材料，可以用来制作创意造型，市面上常见的彩泥有橡皮泥、超轻黏土、油泥等种类。

　　彩泥造型的表现形式可以分为圆雕与浮雕两种。圆雕是指所捏物体造型为三维立体造型，每个面和角度的打造都是为了作品整体完美（图4-34）。浮雕是指在平面基础上的凹凸起伏、有层次的处理，通常需要将立体彩泥团先做压扁、压平处理，制作时需选择好厚实的底板，作为造型的承载、衬托（图4-35）。

图 4-34 圆雕老虎、小牛

图 4-35 浮雕狮子、海豚

 想一想

民间彩塑与彩泥造型有什么区别?

二 彩泥造型的工具与材料

1. 彩泥造型的工具

彩泥造型的工具主要有塑刀、压板、剪刀、梳子、垫板等（图4-36），有些品牌的彩泥会配备相应的模具，如托盘、压制机、滚棒、挤压器及单双面模子等。购买超轻黏土时一般都附带简易安全的塑料、木质等工具，方便幼儿操作（图4-37）。

图 4-36 彩泥工具

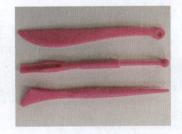
图 4-37 简易工具

2. 彩泥造型的材料

彩泥品种多样，其中超轻黏土是适合幼儿操作的最佳泥料，其泥质细腻、柔软、超轻，黏性好，不易沾手，易于成型，且色彩丰富。

三　彩泥造型的基本技法

彩泥造型技法与陶泥造型技法相似，都会运用到以下基本技法，如团圆、压扁、捏塑、搓条、剪切、盘卷、缠绕、黏结等，通常情况下单一技法的使用不能满足复杂造型的需要，综合多种技法并灵活运用才是常见的表现方式。

1.团圆法：将一小块超轻黏土团成圆球状作为基本型，常用作身体与头部（图4-38）。

2.捏塑法：取一大块超轻黏土直接捏塑、按压调整成需要的基本形象（图4-39）。

3.搓条法：将圆球搓成长条状或者水滴形，如制作辣椒、蜗牛等（图4-40）。

图4-38 团圆法（章鱼娃娃）　　　　图4-39 捏塑法（老虎）　　　　图4-40 搓条法（辣椒）

4.剪切法：将圆球压扁成片状，借助工具剪切出需要的形状（图4-41）。

5.盘卷法、缠绕法：把搓好的泥条按照一定的规律进行盘或卷、缠或绕，形成卷曲的节奏美感（图4-42、图4-43）。

图4-41 剪切法（五角星）　　　　图4-42 盘卷法（蜗牛）　　　　图4-43 缠绕法（蛋糕）

四　彩泥造型实训指导

（一）彩泥圆雕制作——《调皮的小猫》

制作步骤：

（1）用黄色彩泥团一个圆球做头部，取白色彩泥压平作猫的脸部；插一根牙签作支撑，取小块黑色彩泥压平作黑眼圈（图4-44）。

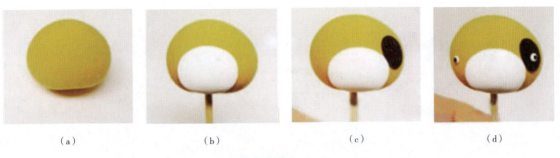

　　　　（a）　　　　　　　　　（b）　　　　　　　　　（c）　　　　　　　　　（d）

图 4-44 制作步骤一

　　（2）取黄色彩泥压扁成三角形，虚线处折卷成锥形的耳朵，黏结耳朵在头部顶端两侧；取少量黑色彩泥搓成细条状，盘作鼻子、嘴巴，小块白色、黑色彩泥团圆、压扁，依次黏结为眼睛，注意夸大一只眼睛，强调调皮感（图 4-45）。

　　　　（a）　　　　　　　　　（b）　　　　　　　　　（c）　　　　　　　　　（d）

图 4-45 制作步骤二

　　（3）再取一块黄色彩泥作身体及腿部；取一块淡黄色彩泥团圆、压平、剪切、粘贴成肚皮；再搓条制作前肢（图 4-46）。

　　　　　（a）　　　　　　　　　　　（b）　　　　　　　　　　　（c）

图 4-46 制作步骤三

　　（4）粘贴前肢，再搓一根细长的黄色泥条作尾巴，黑色彩泥装饰，粘贴组合即完成（图 4-47）。

（a）

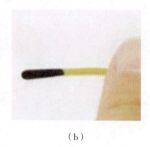
（b）

（c）

图 4-47 制作步骤四

（二）彩泥浮雕制作——《海底世界》

制作步骤：

（1）取质地较硬、平整的纸板、塑料板或泡沫板作底板（此处废物利用了蛋糕底板），用蓝色系的油画棒、水粉颜料画出渐变效果，作海底。也可用几种蓝色系彩泥稍稍揉和按压铺底，产生渐变效果（图 4-48）。

（2）用绿色系彩泥搓条、卷曲，制作成多条长短不一的海带并压扁、贴牢在底板下方；粘贴黄色海星，以及不同大小、色彩的圆点状珊瑚，注意海带、珊瑚的疏密搭配，以作配景（图 4-49）。

图 4-48 制作底板

图 4-49 海底装饰

（3）捏塑主体物鲨鱼。用黑色或褐色、深蓝色彩泥搓成一个椭圆形作身体，再用白色压平粘贴作鲨鱼腹部；用剪刀剪开嘴巴，粘上白色牙齿；粘贴眼睛；再粘贴上手捏的背鳍、鳃鳍、腹鳍、尾鳍，画上三条鳃痕，备用（图 4-50）。

（4）用橙色彩泥捏出小丑鱼的身体，刻出嘴巴，粘贴黑白相叠的眼睛，捏塑粘贴好背鳍、鳃鳍、尾鳍，刻上划痕，备用（图 4-51）。

图 4-50 制作鲨鱼

图 4-51 制作小丑鱼

（5）用黄色彩泥压扁、剪切成热带鱼身体形状，红色彩泥搓条作花纹，制作并粘贴眼睛、鱼鳍，划出鱼鳍的纹理，备用（图 4-52）。

（6）用白色或黄色彩泥搓圆、压扁，整理成扇贝外壳形状，划出贝壳纹理，备用（图 4-53）。

（7）用黄色彩泥团成章鱼的脑袋，再团个小圆，用圆头工具凹陷造型作嘴巴；粘贴黑白层次的眼睛，再用黄色彩泥搓六个条，作章鱼的触须（图 4-54）。

图 4-52 制作热带鱼

图 4-53 制作扇贝

图 4-54 制作章鱼

（8）组合画面，把做好的鲨鱼、热带鱼、小丑鱼、扇贝、章鱼等，分别粘贴在板面的主要位置，注意各物体的主次搭配和动态呼应关系（图 4-55）。

（9）调整画面，根据构图需要和色彩搭配，还可添加少量海洋元素的小物体，表现出有故事、有情感、气氛和谐的海底世界（图 4-56）。

图 4-55 组合画面

图 4-56 海底世界成品

考点聚焦

[考点梳理]

本单元知识在教师资格证面试中多有涉及，且多以手工制作及手工活动设计出现，需要应考者能看懂图意，完成手工制作，设计活动并模拟试讲。

[真题演练]

2021年幼儿园教师资格证面试考题

1.题目：幼儿园手工《橡皮泥游戏》

2.内容：用橡皮泥模拟演示做手工

3.基本要求：

（1）模拟向幼儿演示橡皮泥手工游戏；

①示范结合语言讲解

②活动过程中引导幼儿注意卫生

（2）模拟引导5~6岁幼儿进行橡皮泥创作；

（3）请在10分钟内完成上述任务。

—— 思考与练习 ——

1.用陶泥创作一幅花卉浮雕作品，花的品种不限。

要求构图和谐，主次分明，疏密搭配有致，造型美观，技法得当，做工细腻精致，作品感染力强。

2.用彩泥创作"十二生肖"主题圆雕作品6~12种。

要求造型生动美观，技法运用得当，做工细腻精致，赋予个性情感，作品感染力强。

3.以"三只小猪"或"小蝌蚪找妈妈"为主题，运用彩泥制作一组圆雕造型，并组织一次幼儿创意美术活动，包含活动设计、活动实施与展示。

单 元 五

自然材料造型

 学习目标

素质目标

✦ 通过自然材料的手工制作和开展美术活动，促进学生对自然教育的理解，增强环保意识和爱护自然的情感。

✦ 培养学生细致、耐心的品质，和善于观察生活、热爱生活、积极乐观的生活态度。

知识目标

✦ 认识自然材料造型的工具与材料，了解自然材料的种类与特点。

✦ 掌握自然材料造型的技法和步骤。

能力目标

✦ 能熟练自如地运用自然材料创作手工艺术品和幼儿园工作中的玩教具。

✦ 具备运用自然材料造型进行实践操作与岗位应用的能力。

 **单元导航**

自然材料造型
- 植物类材料造型
  - 植物类材料造型简介
  - 植物类材料造型的工具与材料
  - 植物类材料造型的基本技法与一般步骤
  - 植物类材料造型实训指导
- 壳类材料造型
  - 壳类材料造型简介
  - 壳类材料造型的工具与材料
  - 壳类材料造型的基本技法与一般步骤
  - 壳类材料造型实训指导

```
                                    ┌ 蔬菜瓜果类材料造型简介
                  ┌ 蔬菜瓜果类材料造型 ┤ 蔬菜瓜果类材料造型的工具与材料
                  │                  │ 蔬菜瓜果类材料造型的基本技法与一般步骤
                  │                  └ 蔬菜瓜果类材料造型实训指导
  自然材料造型 ┤                  ┌ 石头类材料造型简介
                  │                  │ 石头类材料造型的工具与材料
                  └ 石头类材料造型  ┤ 石头类材料造型的基本技法与一般步骤
                                     └ 石头类材料造型实训指导
```

情境导入

　　在一个美丽的花园里，小朋友们正在玩耍。他们看到了许多自然材料，如落叶、树枝、小石子、花朵、草等等。他们感到很好奇，想知道这些自然材料可以用来做什么。于是，老师引导他们开始尝试自然材料的造型，让他们观察、摸索、实践，发掘自然材料的美妙之处。

　　小朋友们先拾起一些落叶，仔细观察它们的颜色、形状和质地，然后尝试将它们组合在一起，创造出美丽的画作和手工制品。接着，他们又拾起了一些小石子，利用不同颜色和大小的石子，创造出丰富多彩的石头画。最后，他们还尝试使用树枝、草、花等自然材料，进行编织、织造、粘贴等造型实验，不断发掘出新的艺术魅力。

　　大自然是一本奇妙的教科书。自然界当中，有千姿百态的树叶、果壳、蔬菜、瓜果、种子、石头等等，它们品种繁多、色彩灵动、纹理奇趣、形态各异，是孩子们取之不尽、用之不竭的天然材料。

　　在体验自然材料造型中，小朋友们通过亲身实践，感受到了自然材料的魅力和创造力，同时这一过程也培养了他们的观察能力、想象力和实践能力，可以激发小朋友的学习兴趣和好奇心，为后续的学习打下基础。

任务一　植物类材料造型

一　植物类材料造型简介

　　树叶、花朵、枯枝、蔬菜、水果、谷类……这些天然、未经加工的物质都是我们熟悉且倍感亲切的植物类材料，它们的存在给了人们很多的创作灵感，利用它们进行手工创意设计，制作出来的作品不但充满自然的气息，还具有别具一格的艺术效果。

植物类材料造型是使用植物、植物纤维等天然材料来制作手工艺术品。制作过程中充分利用植物本身所具有的形状、色彩、质感、肌理等特征，结合自身的审美经验和需求，通过因材施艺或因意选材的方法，将植物材料经过排列、重构、组合、拼接、上色等艺术加工手段，来表达自身的创作意图和思想情感。

植物类材料造型的作品主要有平面和立体两种空间造型形态，可以制作满足幼儿园教育教学需求的玩教具造型以及装饰，美化幼儿园环境，是学前手工活动中非常重要的组成部分，在幼儿教育教学中深受幼儿的喜爱。利用植物类材料制作造型既能有效开阔幼儿的视野，增加亲近自然的机会，还能够激发幼儿的自主探究意识、创造热情，培养其审美情趣，提高其审美能力。

想一想

植物材料造型的依据有哪些？艺术加工的手段有哪些？

二 植物类材料造型的工具与材料

植物类材料造型的工具和材料包括常用的工具材料和黏合材料，如图5-1、图5-2所示。

刀具：刀具是最常用的植物类材料造型工具之一。它们可以用来切割、雕刻、削皮和削薄植物材料。

剪刀：剪刀通常用于修剪和剪断植物类材料。剪刀的大小和形状可以根据需要选择，以适应不同的材料和工作。

图5-1 常用工具材料

钳子：钳子可用于捏合、弯曲和调整植物类材料，以获得所需的形状和尺寸。

镊子：用来夹住和扭曲细小的植物类材料，例如树枝、树叶或花朵，以便在制作过程中进行微调或调整形状。

染料：染料可以用于给植物类材料上色，以获得所需的外观效果。常见的染料包括水粉颜料和丙烯颜料，或用丙烯马克笔上色。

图5-2 常用黏合材料

黏合剂：黏合剂可用于将植物类材料黏合在一起，以形成更复杂的结构。常见的黏合剂包括胶水、胶带、胶条和热熔胶等。

三 植物类材料造型的基本技法与一般步骤

（一）植物类材料造型的基本技法

1. 粘贴法

粘贴法是最常用的一种方法，是一种将不同植物类材料通过黏合剂黏合在一起的造型技法。粘贴法在植物类材料造型中的优点是可以使用各种材料进行组合，从而更好地还原植物的形态和细节，使最终的造型更加真实和逼真（图5–3）。

图 5–3 粘贴法制作的鸟

2. 标本法

标本法是一种通过采集、处理和展示真实植物样本，来进行植物类材料创意造型的技法。标本法的优点在于可以展示真实的植物样本，其形态、纹理、色彩等都可以在展示中得以还原。同时，由于使用了真实的植物样本，因此在展示过程中也具有很高的教育和科普价值。但是，采集和处理植物样本需要专业的知识和技能，同时也需要注意环保问题和法律法规的限制（图5–4）。

图 5–4 标本法制作的画

3. 编织法

编织法是一种通过将细长的植物类材料互相交错或钩连，编织成复杂的结构来制作手工艺品的技法。编织法在植物类材料造型中的优点是可以制作出非常精细、逼真的植物类造型，同时也具有较高的装饰和实用价值。由于需要一定的手工技巧，因此也可以发挥个人的创意和风格，制作出独具特色的植物类材料作品（图5–5）。

图 5–5 编织法作品

4. 拼接法

拼接法是根据构思将不同块的造型植物重组粘贴，构成某种新的艺术形象的造型技法。拼接法可以创造出多样化、独特的植物类造型。同时，由于拼接过程中不受形状和材质限制，因此可以很好地还原植物的形态和细节，使最终的造型更加真实和逼真（图5–6）。

（二）植物类材料造型的一般步骤

1. 构思选材

根据初步构思，在植物类材料中进行选择，同时把选择的各种造型材料在头脑中进行构思组合，从而确定最佳搭配。

2. 研究材料

选定材料以后在具体的造型过程中，应仔细观察和研究材料的

图 5–6 拼接法作品

特点，充分利用植物材料的形状、色彩、肌理、质感进行造型，要展开丰富的想象，找出材料与造型物在外形上的相似点，再进行创作。

3. 形象塑造

用恰当的方法对材料进行简单加工，然后组合，使其达到最佳的造型效果。注意先整体后局部，先轮廓后细节。

4. 组合完成

将完成好的各部分加以固定、组合，如果需要辅助部分来衬托或修饰主体对象，还需要进行辅助部分的塑造，最后对作品进行充实、完善、装饰、修整。

四 植物类材料造型实训指导

（一）树叶拼贴画造型制作——《池趣》

树叶是叶叶不相同，片片有变化的。树叶拼贴画是绘画的另一种形式，涉及色彩搭配、构图处理、创意组合等美术内容。制作树叶拼贴画的工具有剪刀、镊子、标本夹、白乳胶和底板材料以及厚书或夹板；材料主要是各种树叶、草叶、花瓣等等。制作步骤如下。

1. 构思设计

根据脑海中金鱼在水里嬉戏的场景，构思好主题后，用铅笔画出草图，注意画面布局均衡，构图合理（图5-7）。

2. 裁剪拼摆

在自然界众多的植物类材料中根据各材料的形状、色彩、肌理等特点，选取好想用的树叶、草叶，通过摆放、调整、修剪，制作出两条不同颜色的金鱼（图5-8）。

图 5-7 画出草图　　　　　　　图 5-8 拼摆金鱼

将制作好的金鱼放在圆形的底板上与草叶进行组合拼摆，初步组合成一幅形象生动的画面（图5-9）。

3. 粘贴完善

根据画面的需要，添加野花、野草，调整、修剪草叶完善画面。完成后用双面胶或白乳胶进行粘贴，粘贴的顺序是由后到前、由远到近（图5-10）。

4. 调整完成

根据画面的整体效果需要，进行修边、装裱后即完成（图5-11）。

图 5-9 组合拼摆　　　　　图 5-10 粘贴完善　　　　　图 5-11 修边装裱

（二）植物类材料造型制作——《温情》

制作步骤：

（1）材料准备：枯树叶、新鲜香菇、树枝、草叶（图5-12）；工具则主要有底板材料、丙烯马克笔、剪刀、刻刀等。

（2）根据造型和主题要素，用铅笔画出草图，注意构图合理（图5-13）。

（3）用丙烯马克笔在枯树叶上画上想要的颜色（图5-14）。

图 5-12 材料准备　　　　　图 5-13 画出草图

（a）　　　　　　　　　　（b）

图 5-14 画上颜色

（4）在彩色树叶上画上蜗牛的形状（图5-15）。

（5）沿着画出的蜗牛形状剪刻下来，注意边缘平滑（图5-16）。

（6）选取大小、形状合适的新鲜香菇，并在香菇上画一些装饰图案，再拼摆在蜗牛造型的叶片上。将多余的部分裁剪掉，即可完成蜗牛的造型（图5-17）。

（7）给蜗牛配上树枝、草叶，拼摆在合适的位置，调整效果，完成（图5-18）。

图 5-15 画出形状

图 5-16 剪刻造型

图 5-17 拼摆造型

图 5-18 组合拼摆

（三）植物类材料造型制作——《龙猫家族》

（1）材料准备：树枝、圆木片、松球、毛线、瓜子壳、八角（图5-19）；用到的工具有剪刀、热熔胶。

（2）选择大小合适的树枝，按需要的长度剪断，用热熔胶将其粘贴在最大的圆木片一侧的侧面做底座（图5-20）。

图 5-19 材料准备

图 5-20 制作底座

（3）将小圆木粘贴在各个树枝上，做好圆形底座上的树枝圆台造型（图5-21）。

（4）用毛线缠绕松球，注意要反复多次绕，做出龙猫的身子；再用瓜子壳、八角分别做龙猫的眼睛、脚，粘贴固定（图5-22）。

（5）按以上制作方法做出五只龙猫造型（图5-23）。

图 5-21 制作树枝圆台   图 5-22 制作龙猫   图 5-23 完成龙猫造型

（6）将八角上色做成一朵小花，小木棒组合粘贴做成小梯子（图5-24）。

（7）将所有造型拼摆组合，给围栏加上叶子，调整效果，确定后组合并打胶固定，完成（图5-25）。

 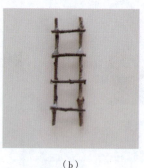 

（a）   （b）

图 5-24 做出小花和梯子   5-25 拼摆组合并固定

任务二   壳类材料造型

🔵 一 壳类材料造型简介

壳类材料造型是指使用卵壳、贝壳、蚌壳、海螺、珊瑚等天然壳类材料，通过雕刻、打磨、拼贴等工艺技术制作出具有装饰和实用功能的艺术品或日用品。因其天然的造型、纹理、色彩备受人们喜爱，具有独特的视觉效果。

在壳类材料造型中，首先需要选择合适的原材料，然后对其进行处理，比如清洗、磨光等，使其表面平滑、美观。然后运用雕刻、镶嵌、绘画等技艺，将壳类材料创造出精美绝伦的形态，这些形态可以是抽象的，也可以是具象的；可以是仿生的，也可以是具有装饰性的。

总之，壳类材料可以通过各种加工方式进行造型设计，制作出各种独特的艺术品、装饰品等。同时，壳类材料还可以与其他材料进行组合，产生更为丰富的效果。

想一想

壳类材料造型的工艺技术有哪些？

二　壳类材料造型的工具与材料

1. 常用工具

黏合剂（包括热熔胶、焊接剂、万能粘等）、基底材料（用于支撑，包括木板、纸板、石膏等）、镊子、钉子、螺丝、钳子、颜料、彩色油性记号笔等。

2. 常用材料

贝壳、海螺、蛋壳、果壳等，是壳类材料造型的主要材料。它们可以来自海滩、商店、养殖场等地方。通常学生进行造型的壳类材料大多是捡来的，或是购买已加工处理好的壳类材料。

三　壳类材料造型的基本技法与一般步骤

在对壳类材料进行加工处理和造型的过程中，主要有切割、雕刻、打磨、上色、拼接等技法。

1. 切割

切割是指将壳类材料切割成所需形状和大小的基本技法。在切割过程中要小心谨慎，注意安全，避免损坏壳类材料和受伤（图 5-26）。

2. 雕刻

雕刻是指将壳类材料雕刻成所需的形状和纹理的基本技法。在雕刻过程中要注意力度和深度的掌控，以免过深或过浅，要注意自身安全（图 5-27）。

图 5-26 切割

图 5-27 雕刻

3. 打磨

打磨是指将壳类材料的表面磨光，使其具有更好的光泽和质感的基本技法。在打磨过程中要注意避免损坏壳类材料表面，注意安全（图 5-28）。

4. 上色

上色是指将壳类材料涂上所需的颜色的基本技法，在上色过程中要注意颜色的搭配和均匀度（图 5-29）。

5. 拼接

拼接是指将多个壳类材料拼接成所需的形状和大小的基本技法。在拼接过程中要注意拼接的精度和紧密度（图 5-30）。

图 5-28 打磨

图 5-29 上色

图 5-30 拼接

这些基本技法可以根据不同的造型需求进行组合和运用，从而制作出独特的壳类材料作品。其中切割、雕刻、打磨的过程大多在专业的工坊里完成，在校学生大多是采用捡来的或购买来的壳类材料进行上色或拼接。

四 壳类材料造型实训指导

（一）蛋壳材料造型制作——《戴花环的长颈鹿》

制作步骤：

（1）工具材料准备：蛋壳、白乳胶、镊子、底板材料、装饰材料（如花朵、叶片）等。

（2）在底板上画出长颈鹿的造型草图（图5-31）。

（3）将蛋壳洗净捣碎备用（图5-32）。

图5-31 画出草图　　　　　图5-32 处理蛋壳

（4）用白乳胶将不同色泽的蛋壳贴在长颈鹿的各个部位上，注意色彩搭配、协调统一，画上眼睛鼻子、嘴巴（图5-33）。

（5）在长颈鹿的脖子上贴上花朵和叶片进行装饰，调整并完成（图5-34）。

图5-33 粘贴蛋壳　　　　　图5-34 装饰完成

（二）贝壳材料造型制作——《海马》

制作步骤：

（1）工具材料准备：贝壳、两种颜色的底板纸、白乳胶、彩色油性笔（图5-35）。

（2）将两色纸拼在一起做底板，在底板上轻轻画出海马的大概造型，作为拼贴范围（图5-36）。

（3）依照海马造型选择合适的贝壳材料拼摆造型，眼睛处用彩笔画上黑色，调整好并粘贴完成（图5-37）。

图 5-35 准备贝壳　　　　　图 5-36 画出草图　　　　　图 5-37 粘贴完成

（三）海螺材料造型制作——《海螺花》

制作步骤：

（1）工具材料准备：贝壳、海螺、底板材料、树叶、热熔胶、彩色油性笔等（图 5-38）

（2）将小的白色贝壳沿着海螺四周均匀粘合固定，拼成一朵花（图 5-39）。

（3）根据不同花朵形状和不同壳类材料，组合搭配做出下列花的造型（图 5-40）。

图 5-38 准备材料　　　　　图 5-39 制作海螺花　　　　　图 5-40 备好海螺花

（4）将做好的各种花按照分布均匀、错落有致、疏密搭配的原则，拼摆成形（图 5-41）。

（5）在花朵的下面搭配大小适合的叶子，预先摆放确定（图 5-42）。

（6）用白色油性笔连接所有花朵，画上蝴蝶的触角，调整整个画面效果，确定后打胶固定，按照需要可进行装裱，完成（图 5-43）。

图 5-41 拼摆成形　　　　图 5-42 搭配叶片　　　　图 5-43 成品

任务三　蔬菜瓜果类材料造型

一　蔬菜瓜果类材料造型简介

　　蔬菜瓜果是我们经常吃的食物，在生活中随处可见。它们拥有着丰富的色香味以及独特的外形和肌理，因此也是天然的雕刻、可塑性材料。蔬菜瓜果造型是运用各种蔬菜、瓜果进行造型的手工艺术形式，利用蔬菜瓜果的外在形状和特点，选择合适的辅助材料，通过想象加工自制蔬果造型（图 5-44～图 5-47）。

　　蔬菜瓜果造型是学生非常喜欢的课型，孩子们喜欢那些造型独特、色彩鲜艳的蔬菜瓜果，喜欢削削、剪剪、拼拼、插插的过程带给自己的创作喜悦，更喜欢普通蔬果在稍加改变后变成的多姿多彩的艺术品。这样的课，更能使孩子们在课堂上找到立足点，更能点亮他们思维的火花，展开他们想象的翅膀，激发他们创造美、表现美、用美点缀生活的兴趣和欲望。

图 5-44《南瓜灯》　　　　图 5-45《金鱼》

图 5-46《小刺猬》

图 5-47《小老鼠》

想一想

蔬菜瓜果造型在生活中的运用有哪些？

二 蔬菜瓜果类材料造型的工具与材料

　　蔬菜瓜果造型所需的材料有各种蔬菜和水果，所需的工具主要有雕刻刀、剪刀、镊子和牙签等（图 5-48）。

图 5-48 常用工具

三 蔬菜瓜果类材料造型的基本技法与一般步骤

1. 蔬菜瓜果材料造型的基本技法

　　在创作中，常通过切、削、拼、刻、接插等方法，来制作具有创意的蔬果造型（图 5-49）。

（a）切

（b）削

（c）拼

（d）刻

（e）接插

图 5-49 蔬菜造型常用技法

2. 蔬菜瓜果材料造型的一般步骤

（1）构思选材。首先确定造型形象，是人物、动物还是其他。根据初步构思，在水果、蔬菜中进行意向选择，同时把所选择的各种造型材料在头脑中进行构思、组合，从而确定最佳搭配。

（2）研究材料。选定材料以后，在具体的造型过程中，应认真、仔细地观察和研究材料特点，充分利用蔬菜和水果的自然形状、颜色、肌理进行造型。要展开丰富的想象，先找出材料与造型物在外形上的相似点，再进行创作。

（3）形象塑造。用切割法对材料进行简单加工，然后组合摆样，使其达到最佳形象塑造效果。注意先整体后局部，先轮廓后细节。

（4）细节刻画。对于人物、动物的五官要精心处理。

（5）组合构成。把完成好的各部分用牙签或嵌入法加以固定、组合。如需辅助部分衬托或修饰主体形象，还要进行辅助部分的塑造。

（6）修整完成。最后要对作品进行充实、完善，装饰修整。

想一想

在进行瓜果造型的时候，有哪些方法可以接插水果蔬菜？

四　蔬菜瓜果类材料造型实训指导

（一）蔬菜瓜果造型制作——《向日葵》

向日葵是幼儿喜欢的花卉，利用蔬果制作向日葵造型，需要的工具材料有水果刀、牙签、厚卡纸、胶水、木棍、水彩笔、胡萝卜等。

制作步骤：

（1）将胡萝卜洗净并切成大圆片，准备做向日葵的花瓣（图5-50）。

（2）将圆片胡萝卜切割成花瓣形状（图5-51）。

（3）将胡萝卜切成几段，分别做向日葵的花蕊、躯干和底座（图5-52）。

图5-50 切片　　　　　　图5-51 制作花瓣　　　　　　图5-52 切段

（4）在纸上画出向日葵的花蕊细节、叶子并裁剪下来（图5-53）。

（5）将向日葵的花蕊和花瓣用牙签连接固定，木棍削尖插入花蕊连接固定，成为枝干并插入底座；将花蕊细节固定在花蕊上，叶子粘贴在枝干，调整后完成（图5-54）。

图5-53 装饰材料　　　　　图5-54 成品

（二）蔬菜瓜果造型制作——《金鱼》

金鱼造型用到的工具材料有水果刀、牙签、红柿子椒、菜叶、西红柿、南瓜等。

制作步骤：

（1）将红柿子椒、菜叶、西红柿、南瓜洗净备用（图5-55）。

（2）将南瓜削成片，在红柿子椒上均匀切口（图5-56）。

（3）在红柿子椒切口处插入南瓜片做鱼鳞（图5-57）。

图5-55 洗净　　　　　　图5-56 切片切口　　　　　图5-57 插入南瓜片

（4）将洗净的菜叶进行择取，选择新鲜、完整的菜叶错落有致地摆放，做鱼尾（图5-58）。

（5）将鱼身与鱼尾用牙签连接固定（图5-59）。

（6）用菜叶柄做鱼眼，可用西红柿瓢装点（图5-60）。

（7）将鱼眼用牙签固定在鱼头部位，成品完成（图5-61）。

图5-58 处理菜叶

图5-59 组合固定

图5-60 制作鱼眼

图5-61 成品

任务四　石头类材料造型

一　石头类材料造型简介

石头类材料造型是运用石头进行造型的一种手工艺术形式，具有易于保存、取材、装饰的特点。石头质地坚硬、形态各异、纹理与色彩各不相同，有色彩斑斓的雨花石，也有扁平无奇的河滩石，等等。

为了弘扬中国传统文化，让孩子们热爱传统文化，开发其创造性思维与想象力，可以选取各种石头，并充分利用其天然特点，设计出精美的石头类造型作品。常见的用于幼儿玩教具的石头类材料造型有循石造型、装饰造型、适合纹样造型、综合创意造型等。

循石造型主要是根据石头的天然形态，稍加修饰而进行创作。这种作品大都生动有趣，浑然天成，想象力丰富（图5-62、5-63）。

图 5-62 循石造型（楼房）   图 5-63 循石造型（汽车）

装饰造型是直接在石头表面进行平面装饰类图形的绘制，这种作品具有匀称、均衡、规则的抽象装饰美，如图 5-64~ 图 5-66。

图 5-64 民族风纹饰   图 5-65 卡通风纹饰   图 5-66 碎花纹饰

适合纹样造型是指在一个规范的图形内，做适合石头形状的纹样绘制，并且使得纹样的绘制与石头紧密结合，变化自然、协调而有韵味，如图 5-67~ 图 5-69。

图 5-67 蔬果纹样   图 5-68 风景纹样   图 5-69 表情纹样

综合创意造型，是指除了对石头本身的想象和绘制以外，还可以将多种造型按照一定的主题、形式组合或粘贴成完整的一个作品，如图 5-70、图 5-71。

图 5-70 雪人造型

图 5-71 蘑菇造型

 想一想

石头类造型和雕塑有哪些区别?

二 石头类材料造型的工具与材料

石头类材料造型工具有水粉、调色盘、排笔、毛笔、记号笔、水桶、抹布、热熔胶等(图5-72)。

石头类造型材料有已经洗净、消毒、晾干的各类石子以及其他装饰性材料等(图5-73)。

图 5-72 石头类材料造型工具

图 5-73 石头类造型材料

 想一想

哪种石头比较适合做造型?

三　石头类材料造型的基本技法与一般步骤

1. 石头类材料造型的基本技法

石头类材料造型操作方法主要是通过联想进行绘画、拼接、组合，还可以运用水粉颜料、橡皮泥、毛线等其他装饰性材料辅助造型。

（1）彩绘

彩绘造型方法是指用水粉、丙烯颜料或油画棒在石头上绘画，也可以用彩泥在石头上粘贴（图5-74）。

（2）组合黏结

组合黏结造型方法是根据构思设计，将不同块的石头重组、粘贴构成某种形象。在黏合过程中一般多选用AB胶或胶枪，要注意黏合牢固，然后再进行绘画（图5-75）。

图5-74 彩绘

图5-75 组合黏结

2. 石头类材料造型的一般步骤

（1）洗净石头，根据石头的原有形态进行构思设计。

（2）将准备好的颜料拿出，在石头上涂好底色，晾干备用。

（3）用铅笔或记号笔勾画轮廓，并进行准确的造型绘制。

（4）根据图稿填色，一般先涂较浅的颜色，因为深色的覆盖能力强于浅色；若弄脏画面要覆盖，须等颜料干燥后。

（5）根据需要勾边、提亮，整理完成后晒干。

四　石头类材料造型实训指导

（一）石头类材料造型制作——《花朵》

需要用到的工具材料有铅笔或勾线笔、颜料、指甲油、石头等。

制作步骤：

（1）洗净、挑选好适合的石头（图5-76）。

（2）用铅笔或勾线笔在选好的石头上起稿（图5-77）。

（3）根据底稿用水粉或丙烯颜料从大面积到小面积的顺序上色（图5-78）。

图5-76 挑选石头　　　　　　图5-77 起稿　　　　　　图5-78 上色

（4）局部深入绘制，描绘具体细节（图5-79）。

（5）颜料晾干后涂上透明的指甲油，可美化、保护作品（图5-80）。

（6）晾干，完成作品（图5-81）。

图5-79 描绘细节　　　　　图5-80 涂上指甲油　　　　图5-81 晾干完成

（二）石头类材料造型制作——《母子鸭》

需要用的工具材料有热熔胶、橡皮泥、石头等。

制作步骤：

（1）根据形状和色彩挑选出制作鸭妈妈的石头，并清洗干净（图5-82）。

（2）用胶枪黏结两块一大一小的石头作为鸭妈妈的头和身体（图5-83）。

（3）取白色和黑色的橡皮泥做成眼睛，再用胶枪粘贴在头部（图5-84）。

图5-82 挑选石头　　　　　图5-83 黏结石头　　　　　图5-84 粘贴眼睛

（4）根据形状和色彩挑选出制作鸭宝宝的石头，并清洗干净（图5-85）。

（5）用胶枪黏结两块石头作为鸭宝宝的头和身体（图5-86）。

（6）同样的办法制作眼睛，用胶枪黏结在头部（图5-87）。

（7）用橡皮泥捏成一大一小的翅膀，用胶枪黏结在鸭子身体侧面，作品完成（图5-88）。

图 5-85 挑选石头

图 5-86 粘接石头

图 5-87 粘贴眼睛

图 5-88 成品

（三）石头类材料造型制作——《村庄》

需要用到的工具材料有纸壳、麻绳、颜料、热熔胶或 AB 胶水、石头、麻布等。

制作步骤：

（1）洗净石头晾干，并准备好纸壳、麻绳等材料（图5-89）。

（2）构思后对各个石头分别进行铺底色（图5-90）。

（3）在每个铺好底色的石头上，分别进行底稿绘制，大致描绘出房屋的结构（图5-91）。

图 5-89 洗净石头

图 5-90 铺上底色

图 5-91 绘制底稿

（4）对填色完成的石头们进行勾边、提亮、填色等细节刻画（图5-92）。

（5）将纸壳剪成各种大小的圆形备用（图5-93）。

（6）将纸壳上色，并晾干（图5-94）。

图5-92 填色勾边　　　　图5-93 圆形纸壳　　　　图5-94 上色晾干

（7）取麻布铺开作为底板，将相同大小的纸壳叠放并在侧面粘上麻绳，形成圆柱形木桩（图5-95）。

（8）将绘制好的石头用胶枪或AB胶水，分别粘贴在木桩上，注意错落有致。适当放置一些碎石和其他装饰性材料进行造型丰富（图5-96）。

图5-95 制作木桩　　　　图5-96 成品

考点聚焦

[真题演练]

（2020年幼儿园教师资格证考试真题）幼儿自然物造型活动中，以下说法错误的是（　）

A. 自然物造型活动能够激发幼儿的艺术创造力和审美情趣。

B. 自然物造型活动能够让幼儿对自然界的事物产生更多的认知和兴趣。

C. 在进行自然物造型活动时，应该尽量让幼儿们使用成人专用的工具。

D. 在自然物造型活动中，要注意让幼儿了解自然物的特征和生长环境。

———— 思考与练习 ————

1.用自然材料制作春、夏、秋、冬四个季节的环创主题墙。

要求画面布局合理，色彩搭配和谐，造型美观，技法得当，做工细腻精致，特色鲜明，具有教育价值，作品感染力强。

2.制作一个小型自然场景，例如山丘、河流、湖泊等，通过组合搭配制作出具有层次感的自然场景。

要求通过形状、材质或颜色等方面来表现，增强作品的美感和稳定感；色彩搭配上要注意协调，符合表现的主题；比例协调、结构稳定和精准以确保整体画面的美感和实用性；新颖独特，有自己的个性和风格。

单 元 六

废旧材料造型

 学习目标

素质目标

↪ 通过了解废旧材料造型作品，增强环境保护意识。

↪ 通过多个废旧材料造型案例和实训指导，提升对废旧材料再利用的认识和能力，提升幼儿爱护环境的意识和对手工制作的热爱。

知识目标

↪ 认识废旧材料造型的基本工具和类型，了解废旧材料造型的基本技法。

↪ 了解废旧材料造型的特点与表现形式，掌握废旧材料造型的特性与制作技法。

能力目标

↪ 能熟练运用废旧纸盒进行拆分、组合创作，培养较好的造型能力和创作能力。

↪ 能熟练运用废弃塑料等废旧物进行二次加工创作，培养爱护环境和废物利用的意识。

 单元导航

废旧材料造型
- 废旧纸盒造型
  - 废旧纸盒造型简介
  - 废旧纸盒造型的工具与材料
  - 废旧纸盒造型的基本技法
  - 废旧纸盒造型实训指导
- 废旧塑料造型
  - 废旧塑料造型简介
  - 废旧塑料造型的工具与材料
  - 废旧塑料造型的基本技法
  - 废旧塑料造型实训指导
- 废旧材料综合造型
  - 废旧材料综合造型简介
  - 废旧材料综合造型的工具与材料
  - 废旧材料综合造型的基本技法
  - 废旧材料综合造型实训指导

情境导入

　　最近，幼儿园的晓晴老师有一个烦恼：六一儿童节快到了，园里交给她一个任务，让她为即将到来的儿童节策划一次手工活动，活动既要让孩子们玩得开心，又要能让幼儿通过活动体会环保与节俭。如果你是晓晴老师，你会怎么选择这次活动的主题呢？

　　"绿水青山就是金山银山"，这是习近平总书记在浙江考察时提出来的新时代中国特色社会主义生态文明建设理论。正值六一儿童节之际，为了让小朋友们从小树立勤俭节约、低碳环保的生态文明价值观，我们建议晓晴老师以"变废为宝"为主题，组织幼儿园的小朋友来一次废旧材料再利用的手工活动。

　　活动在晓晴老师的组织下顺利地开展了，活动中小朋友们充分发挥各自特长，脑洞大开，充满创意与想象。大家三两成群地一起在纸箱上画小猫、做猫窝、做背包、贴贴纸，经过近两个小时的努力，废弃的材料在小朋友们的巧手下，变成了一件件美观可爱又富有创意的手工艺品。看着手中的作品，小朋友们的脸上洋溢着满满的幸福感和成就感。

　　此次活动，既培养了小朋友们动手动脑的能力，让他们体验到了变废为宝的乐趣，度过了一个富有意义的儿童节，又增强了孩子们珍惜资源、低碳环保的节约意识。

任务一　废旧纸盒造型

一　废旧纸盒造型简介

　　废旧纸盒造型就是指以废旧纸盒为主要材料，综合运用纸盒的形状、颜色、图案、肌理等特点制作具有艺术欣赏和实用价值的工艺作品。它们的基本制作方法简单易学，类型多样，造型多变，且废旧纸盒作品可以美化生活，为人们生活的方方面面提供必要的帮助。小到针线盒的制作，大到街边装置设计，纸盒在我们的生活中随处可见，随处可用。废旧纸盒是用途广泛而制作简单的废旧材料，深受广大手工发烧友的喜爱。在幼儿园中，废旧纸盒的运用也颇为广泛，例如，运用废旧纸盒改造成班牌、门头、动物造型、机器人造型等（图6-1~图6-3）。

图 6-1 照相机　　　　　　图 6-2 狗狗　　　　　　图 6-3 收纳箱

 想一想

日常生活中有哪些常见的废旧纸盒？

二　废旧纸盒造型的工具与材料

废旧纸盒造型是以纸盒（或者纸箱、纸筒、旧报纸、一次性纸杯）为主要材料，根据所设计的造型辅以其他材料进行加工制作的一种废旧物品造型方式。

主要材料有纸盒、纸箱、纸筒、旧报纸、一次性纸杯等（图 6-4）。

（a）废弃纸盒　　　　　（b）一次性纸杯　　　　　（c）旧纸板

图 6-4 主要材料

常用工具有胶水、颜料、剪刀、美工刀、热熔胶等。

三　废旧纸盒造型的基本技法

废旧纸盒造型在制作之初首先要考虑它原本的形状条件，根据形状考虑是原型利用还是重新构建以及综合利用。

1. 运用纸盒的原型加工

对纸盒的原型进行加工是幼儿园小班常用的废旧纸盒利用方法之一，是根据废旧纸盒、纸箱的主要形状进行发散思维设计。这种改造方法最大程度地保持了废旧纸盒的原型，只要进行简单加工就可以变成可以使用的玩教具，是幼儿园中非常受欢迎的一种废旧纸盒改造方式，幼儿也可以参与其中，简单易上手（图6-5）。

（a）　　　　　　　　　　（b）

图 6-5 原型加工作品

2. 打破原型，根据设计切割制作

是指在原废旧纸盒的外形基础上，根据设计图稿对原废旧纸盒进行切割、裁剪、粘贴，重新组合成新的结构造型（图6-6）。

（a）　　　　　　　　　　　　　　（b）

图 6-6 打破原型切割制作作品

3、结合其他材料制作

是指以纸盒为主，辅以多种材料制作玩教具。综合利用废旧材料制作玩教具需要灵活地运用各种制作原理，利用废旧材料的结构，合理使用工具。如图6-7所示为利用纸盒、颜料、黏土、树枝、塑料罐等制作出的小城堡。

图 6-7 结合其他材料制作作品

想一想

废旧纸盒经过我们的巧手改造，还可以有哪些用途呢？

四 废旧纸盒造型实训指导

（一）废旧纸盒变收纳盒

学习如何利用废旧纸盒制作收纳盒，帮助幼儿强化认知收纳的重要性，养成良好的行为习惯。

制作步骤：

（1）准备工具材料：废旧纸盒一个、直尺、铅笔、工具刀、贴纸、热熔胶枪、胶棒。

（2）拆开纸盒，按照设计想法对纸盒进行画图设计（图6-8）。

（3）按照设计裁切纸盒（图6-9）。

（4）按照纸盒大小裁剪贴纸（图6-10）。

图6-8 画图设计　　　　　图6-9 裁切纸盒　　　　　图6-10 裁剪贴纸

（5）将贴纸粘贴到纸盒的内外两面（图6-11）。

（6）用热熔胶黏合纸盒的各部分（图6-12）。

（7）完成收纳盒的组装（图6-13）。

图6-11 粘贴贴纸　　　　图6-12 黏合各部分　　　　图6-13 完成收纳盒

（二）废旧纸盒变少女卧室

制作步骤：

（1）准备材料：废旧纸盒一个、直尺、铅笔、工具刀、贴纸、热熔胶枪、胶棒、颜料。

（2）拆开纸盒，按照设计想法对纸盒进行画图（图6-14）。

（3）按照设计裁切纸盒，将纸盒分割成大小不一的纸片备用（图6-15）。

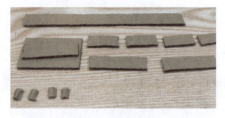

图 6-14 画图设计 图 6-15 裁切纸盒

（4）制作书柜。将纸片拼接成书柜，并用热熔胶黏合固定（图6-16）。

（a） （b） （c） （d）

图 6-16 制作书柜

（5）制作床。将纸片折叠并剪去多余部分，用热熔胶进行固定（图6-17）。

（a） （b） （c）

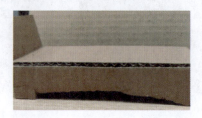

（d） （e）

图 6-17 制作床

（6）制作书桌椅。取一张大纸片按照设计草图分割，然后依次组装成桌子和椅子，打胶固定（图6-18）。

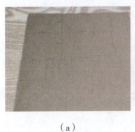   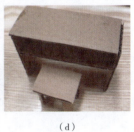

（a） （b） （c） （d）

图 6-18 制作书桌椅

（7）按照相同的方法继续制作衣柜、电脑等卧室的其他物品（图6-19）。

（8）取一个纸盒去掉顶部和其中一个侧面，并切割出窗户（图6-20）。

（9）把卧室的家具一一摆放并用胶水固定好位置（图6-21）。

图 6-19 制作衣柜　　　图 6-20 切割窗户　　　图 6-21 固定好家具

（10）将卧室内外刷上自己喜欢的颜色，调整细节即完成（图6-22）。

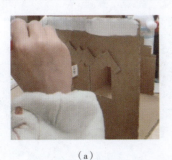 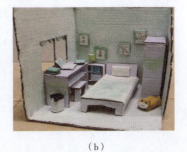

（a） （b）

图 6-22 完成作品

（三）废旧纸盒变"小狗一家"

制作步骤：

（1）准备材料：废旧纸盒一个、直尺、铅笔、工具刀、贴纸、热熔胶、胶棒。

（2）拆开纸盒，绘制并裁剪小狗的脸和身体（图6-23）。

 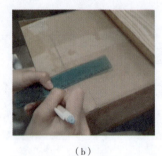 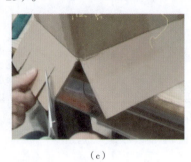

（a）　　　　　　　　　　（b）　　　　　　　　　　（c）

图 6-23 绘制裁剪

（3）在纸板上画出小狗的耳朵和尾巴的形状，并裁剪下来（图6-24）。

（4）将脸和耳朵、尾巴组合，备用（图6-25）。

图 6-24 制作耳朵、尾巴　　　　　　　　　　图 6-25 组合备用

（5）给耳朵、尾巴上色（图6-26）。

（6）剪裁纸板为水滴状，并上色（图6-27）。

图 6-26 上色　　　　　　图 6-27 制作水滴

（7）根据裁好的狗头大小裁好白色卡纸，并在白纸上画出狗的五官，粘贴到纸板上。同时将耳朵、水滴都粘贴好（图6-28）。

图 6-28 完成狗头

（8）根据裁好的身体形状大小裁剪白色卡纸，给身体描边，并粘贴到之前裁好的身体纸板上（图 6-29）。

图 6-29 制作身体

（9）用白色卡纸画出三只小狗的头并裁剪下来，绘制、裁剪出三只小狗的身体（图 6-30）。

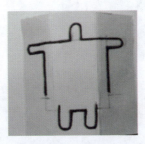

图 6-30 做出三只小狗

（10）拼接出三只小狗和大狗，并组合拼摆在一起，作品完成（图 6-31）。

图 6-31 完成作品

<h1 style="text-align:center">任务二　废旧塑料造型</h1>

一　废旧塑料造型简介

在我们的日常生活及农业生产各领域中，塑料制品无处不在，当这些产品的使用目的达到后，往往可能会被丢弃而成为废旧塑料。废旧塑料是一种通俗的说法，并不是指废的、旧的和没用的塑料品。绝大部分塑料制品，特别是一次性使用的塑料制品，使用后其塑料材料本身的性能并没有大的改变。生活垃圾中的废旧塑料制品种类很多，包括各种包装制品（如瓶类、膜类、罐类）、日用品（如桶、盆、杯、盘等）、玩具饰物、娱乐用品、服装鞋类、捆扎绳、打包带、编织袋、卫生保健用品等。这些塑料制品降解周期长、处理困难，会对环境产生不小的危害。因此，我们可以尽我们所能，对废旧塑料进行旧物改造，变废为宝。

可以选择安全无毒的废旧塑料，通过启发幼儿认识废旧塑料、收集废旧塑料乃至利用废旧塑料进行创造，让幼儿明白废旧塑料的可利用性，更加具体地认识到保护环境、低碳生活的重要性，增强防塑、减塑、拒塑的意识，为保护我们共同的家园而努力。

生活中，我们可以把废旧塑料改造成首饰、家居、服装、环创或装置设计等（图 6-32、图 6-33）。

图 6-32 废旧塑料制成台灯　　　　图 6-33 废旧塑料"裙子"

二　废旧塑料造型的工具与材料

废旧塑料造型是以废旧塑料（废旧瓶子、塑料袋、塑料玩具等）为主要材料，根据所设计的造型辅以其他材料进行加工制作的一种废旧材料造型方式。

生活中常见的废旧塑料制品有很多，我们做手工常用的废旧塑料主要有以下类型：各种饮料瓶、碗装泡面盒、快餐盒、塑料袋、塑料包装盒等（图 6-34）。

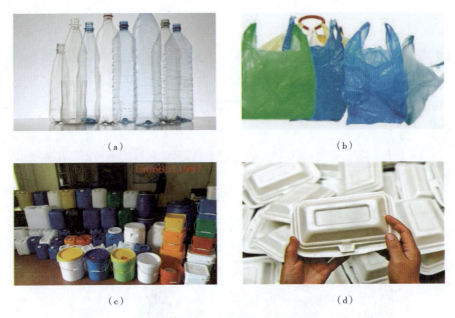

（a）　　　　　　　　　　　　（b）

（c）　　　　　　　　　　　　（d）

图 6-34 手工常用废旧塑料材料

常用工具有美工刀、胶水、颜料、剪刀、热熔胶等。

 想一想

生活中常见的废旧塑料制品有哪几类？

三　废旧塑料造型的基本技法

1. 切割

根据设计图稿对塑料瓶或塑料片进行图案绘制，再根据绘制的图案进行剪切。剪切时注意塑料容易豁口、开裂，这时就需要尽量小心，不要剪出多余的口子（图 6-35）。

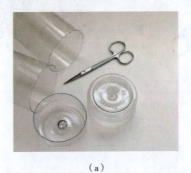　　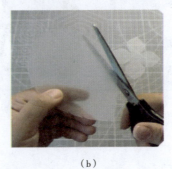

（a）　　　　　　　　　　　　（b）

图 6-35 剪切

2. 加热

选择无毒的废旧塑料进行加热，塑料经过加热变得柔软，会收缩（图 6-36）。进行手工制作时，给塑料加热的方式主要有烤箱和热风枪两种。通常在 150~200 摄氏度的温度下，塑料会在半分钟内变形缩小。普通的家用电吹风达不到让塑料变形的高温，不建议使用。

3. 扭曲

塑料在高温加热后就会变得柔软并收缩，这时可以对加热过的塑料进行扭曲变形，以达到我们需要的效果（图 6-37）。

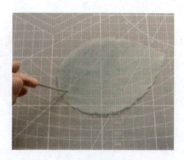

图 6-36 加热   图 6-37 扭曲

四 废旧塑料造型实训指导

（一）废旧塑料瓶制作——五彩缤纷的花

塑料瓶几乎每天都有机会遇到，但用完就会被随手扔掉。如果巧用心思改造一下，可以成为美丽的工艺品，如做成五彩缤纷的花。

制作步骤：

（1）准备工具材料：废旧饮料瓶一个、工具刀、剪刀、胶带、记号笔、颜料、铁丝等（图 6-38）。

图 6-38 准备材料

（2）用剪刀将塑料瓶的上半部分剪下来（图6-39）。

（3）接着剪出花瓣的形状（图6-40）；用手反方向拨动花瓣，使得花瓣呈现自然的弧度（图6-41）。

图6-39 剪上半部分　　　　　图6-40 剪花瓣形状　　　　　图6-41 反向拨动花瓣

（4）用丙烯颜料给花瓣涂色，涂出有层次的颜色（图6-42）。

（a）　　　　　　　　　　（b）

图6-42 涂色

（5）等到颜料变干，将瓶盖拧上，用软铁丝连接做成花茎，一朵小花就完成了（图6-43）。用同样的方法可以制作其他颜色的花，扎在一起就成了五彩缤纷的花束（图6-44）。

图6-43 铁丝做花茎　　　　　图6-44 完成小花

（二）废旧塑料盒制作——海绵宝宝笔筒

海绵宝宝是幼儿园小朋友非常喜欢的一个动画人物，他活泼可爱，性格开朗。手工制作儿童玩教具，可以参照海绵宝宝的造型，用塑料瓶做一个"海绵宝宝"笔筒。

制作步骤：

（1）准备工具材料：废旧饮料瓶一个、工具刀、剪刀、黏土（图6-45）。

（2）用剪刀把饮料瓶的外层包装剪下并剥开（6-46）。

微课：制作
海绵宝宝笔筒

图 6-45 材料准备   图 6-46 处理外包装

（3）把塑料瓶的上半截切掉（图6-47）。

（a）   （b）

图 6-47 切掉瓶子上半截

（4）根据海绵宝宝的外貌，用黄色、白色、黑色的黏土依次包裹住塑料瓶（图6-48）。

图 6-48 用黏土包裹住塑料瓶

（5）根据海绵宝宝的外貌，用黏土做出海绵宝宝的五官、衣服（图6-49）。

（a）　　　　　（b）　　　　　（c）　　　　　（d）

图 6-49 做出五官和衣服

（6）调整五官细节，使海绵宝宝的表面黏土光滑均匀，即完成（图 6-50）。

（a）　　　　　　　　　　　（b）

图 6-50 调整细节并完成

 **想一想**

还有哪些废旧塑料可以用于幼儿园手工呢？

（三）废旧塑料袋制作——裙子

塑料袋的可塑性很强，是很好的手工材料。幼儿园手工制作可以以塑料袋为材料，带领孩子们自己动手制作塑料裙子，让孩子们感受环保的乐趣。

制作步骤：

（1）准备工具材料：塑料袋三卷、胶带、针、线、橡皮筋等。

（2）制作裙子的吊带。拿三个袋子，用橡皮筋或绳子固定住一端，然后编辫子，编好后再用橡皮筋或绳子固定住另一端。用相同的方法编出另一条吊带（图 6-51）。

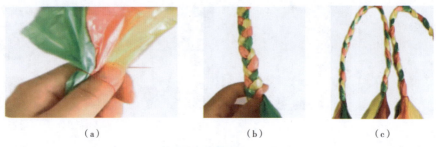

（a）　　　　　　　（b）　　　　　　　（c）

图 6-51 编吊带

（3）编裙摆。取两个塑料袋，用绳子绑住其中一端固定，以其中一个塑料袋做腰带。将其他塑料袋编在腰带上，按照此方法，将所有塑料袋按照一定的颜色有序地编在腰带上（图6-52）。

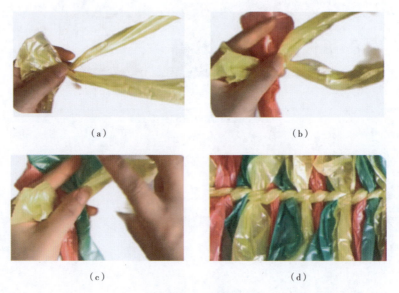

（a）　　　　　　　　　　　　　　（b）

（c）　　　　　　　　　　　　　　（d）

图 6-52 编裙摆

（4）编好后将腰带两端打结固定（图6-53）。

（5）把之前编好的两根吊带缝制在腰带上，美美的裙子就做好了（图6-54）。

图 6-53 固定裙摆　　　　　　　　　**图 6-54 完成**

任务三　废旧材料综合造型

一　废旧材料综合造型简介

　　废旧材料综合造型是指运用纸张、布料、玻璃、泡沫、塑料、纤维、金属等各种废旧材料来制作拼贴画、摆件、吊饰等装饰物或是玩教具（图6-55、图6-56）。废旧材料综合造型作品不仅以其趣味性赢得了小朋友的喜爱，而且可以帮助幼儿了解各种材料的色泽、触感、软硬等物理属性。废旧材料的综合运用，拓展了作品的表现力、想象力和感染力，同时可将环保意识融入课堂，鼓励幼儿善于发现和收集利用周围生活环境中的废旧材料，做到不乱扔垃圾。巧妙将日常生活中的垃圾制作成可利用的"艺术品"，不仅可以废物利用，还能促使幼儿树立环保意识，形成良好的保护环境行为。

图6-55 小木屋　　　　　　　图6-56 自行车

二　废旧材料综合造型的工具与材料

　　在日常生活中，总有许多废旧物品被遗弃，如果变废为宝，利用这些废旧物品的特点来制作幼儿的玩教具，不仅可以节约玩教具制作成本，还可以增强幼儿的环保意识。生活当中可以利用的废旧物品有很多，包括纸制品、塑料制品、金属制品、木制品、旧衣物等等，这些物品加以充分利用就能成为孩子喜欢的玩具。

　　废旧材料综合造型时，首先我们应注意从玩教具的用途出发，选用的废旧材料应是幼儿日常生活中熟悉、安全、无毒、可操作、能激发幼儿好奇心和探究欲望的物品，确定好材料后要想办法清理干净，备用；其次选择合适的工具，然后利用材料的外形、结构、材质的特点进行教具设计；再次，制作的作品应尽可能与实用相结合，满足幼儿园教学与实用的要求，作品要结构简单、牢固，便于制作与掌握。

废旧材料综合造型的工具与材料包括综合材料与常用工具。

1. 综合材料

从形态上，可以将废旧材料分为以下四类：

（1）点状材料：相对较小的点式材料，如纽扣、珠子等（图6-57）。

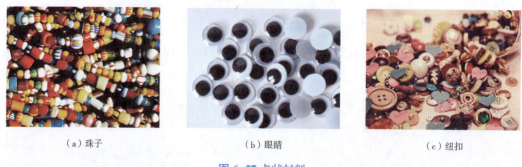

| （a）珠子 | （b）眼睛 | （c）纽扣 |

图6-57 点状材料

（2）线状材料：相对细长的材料，如毛线、纸条、牙签、筷子、铁丝、电线、吸管等（图6-58）。

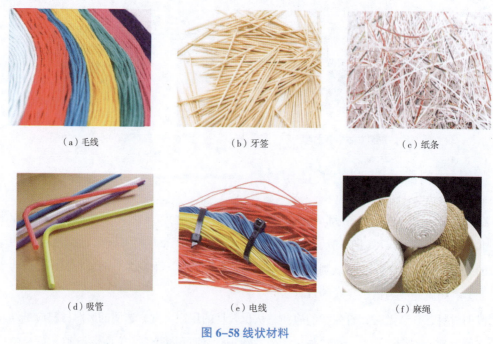

| （a）毛线 | （b）牙签 | （c）纸条 |
| （d）吸管 | （e）电线 | （f）麻绳 |

图6-58 线状材料

（3）面状材料：有一定面积的材料，如废旧报纸、餐盒、蛋壳、布料等（图6-59）。

（a）报纸

（b）餐盒

（c）蛋壳

图 6-59 面状材料

（4）体块材料：有一定体积的材料，如纸盒、玻璃瓶、易拉罐、牛奶盒等（图 6-60）。

（a）牛奶盒

（b）纸盒

（c）玻璃瓶

（d）易拉罐

图 6-60 体块材料

2. 常用工具

双面胶、泡沫胶、白乳胶、万能胶、热熔胶等黏合材料以及剪刀、美工刀、圆规、压线笔、镊子、美工尺等工具。

 想一想

如何引导幼儿搜集生活中各种可综合造型的废旧物品？

三 废旧材料综合造型的基本技法

废旧材料的应用，可以根据材料自身的特点，结合我们的审美经验，将材料经过加工、组合、重构等制作方法形成特色的平面或立体的手工作品，以此来丰富幼儿园教育教学需求的玩教具造型以及装饰美化幼儿园环境。

1. 原型利用法

充分利用废旧材料的外形特征来设计玩教具。根据所要制作物体的形象，挑选造型与其相似的废旧材料进行组合加工，在制作中突出废旧材料的形态特征。如包装废旧材料有正方体、长方体、圆柱体等形态特征，可结合生活中含有正方体、长方体、圆柱体的物体进行加工制作，如汽车、火车、电视机、照相机等等（图6-61、图6-62）。

图 6-61 坦克   图 6-62 电视机

2. 切割重构法

利用废旧材料的局部形体特征或者材质、纹理、色泽等特征进行玩教具设计与制作。根据所需制作的物体形象，运用分解、组合、叠加等制作方法对废旧材料进行再创造，或添加其他材料进行装饰，使所创物品具有丰富的趣味性（图6-63、图6-64）。

图 6-63 摩天轮   图 6-64 猫头鹰

3. 综合利用法

结合原型利用和切割重构的方法，综合利用多种废旧材料，灵活地运用各种制作原理，利用废旧材料的结构，合理使用工具，制作出具有创意的玩具（图6-65、图6-66）。

图 6-65 风铃   图 6-66 易拉罐小熊

想一想

在幼儿园教育教学中，废旧材料可以制作成哪些寓教于乐的玩教具？

四 废旧材料综合造型实训指导

（一）废旧材料综合造型制作——踩高跷

踩高跷是我国传统的民间体育游戏，可以用废旧的易拉罐代替传统的木棍制作成玩教具高跷。铁罐比较坚硬，足够支撑小朋友的体重，将绳索固定在"高跷"上进行辅助，能够让小朋友安稳地站在高跷上。踩高跷玩教具可以引领幼儿体验体育游戏的快乐，既能锻炼小朋友的平衡能力和冒险精神，同时还能弘扬我国传统民族文化。

踩高跷所需的工具材料有铁罐、钳子、钉子、榔头、尼龙绳、颜料等。

制作步骤：

（1）选取两个同样大的铁罐，用钳子把铁罐的整个盖子都撬开，过程注意安全（图6-67）。

（2）在铁罐两侧靠近底部的地方用大铁钉扎两个对称的孔（图6-68）。

（3）用颜料将铁罐的外围涂上自己喜欢的颜色（图6-69）。

（4）选取一段稍粗的尼龙绳，根据小朋友的身高，截成同样长的两段，每段绳相当于小朋友腿长的两倍，将绳子从扎好的孔穿进去（图6-70）。

（5）绳子穿好以后，在罐体内打结，完成（图6-71、图6-72）。

图 6-67 撬开盖子

图 6-68 打孔

图 6-69 上色

图 6-70 穿绳   图 6-71 打结   图 6-72 成品

（二）废旧材料综合造型制作——泡沫直升机

需准备的工具材料有雪糕棒、牙签、铝箔纸、大小吸管、泡沫球、螺钉、乳胶、双面胶、剪刀、透明胶、海绵纸等（图 6-73）。

制作步骤如下：

（1）机身制作。泡沫球用铝箔纸包好，边沿可以用双面胶粘贴一下，使球身光滑平整（图 6-74）。

（2）机翼制作。两根雪糕棒中间钻个小孔，用乳胶粘贴成十字形（图 6-75）。

图 6-73 工具材料准备   图 6-74 制作机身   图 6-75 制作机翼

（3）用螺钉将十字形雪糕棒固定到机身上（图 6-76）。

（4）将吸管剪成一小段，然后插入泡沫球，成为机尾（图 6-77）。

（5）机尾末端开口，剪一段雪糕棒插入尾部（图 6-78）。

图 6-76 固定   图 6-77 制作机尾   图 6-78 插入雪糕棒

（6）将两根牙签分别剪成两段，插在泡沫球机身下方成为飞机的四个脚（图6-79）。

（7）剪两段小吸管，吸管上各剪两个小口子，插入牙签（图6-80）。

（8）贴上用海绵纸剪成的窗户，飞机就做好了（图6-81）。

图6-79 制作四个脚　　　　　图6-80 连接牙签与吸管　　　　　图6-81 成品

（三）废旧材料综合造型制作——小兔子

需准备的工具材料有废旧玻璃瓶、彩色毛绒球、蛋糕纸、扭扭棒、水果包装网、丝带、活动眼睛、剪刀、胶带、彩笔（图6-82）。

（1）取玻璃瓶，将瓶子装上彩色毛绒球，并在毛球上贴上眼睛，调整各个毛绒球位置使其看起来像鼻子、嘴巴（图6-83）。

（2）在玻璃瓶的瓶盖上钻个洞（图6-84）。

图6-82 工具材料准备　　　　　图6-83 装入毛球　　　　　图6-84 钻洞

（3）将蛋糕纸涂上颜色，做成小兔子的帽子，粘贴在瓶盖上（图6-85）。

（4）将扭扭棒卷曲成兔耳朵，将其插入玻璃瓶盖的小洞里（图6-86）。

（5）将丝带扎成蝴蝶结粘贴在帽子上；用水果包装网包裹在瓶子下方当衣服，一个可爱的小兔子就完成了（图6-87）。

图6-85 制作帽子　　　　　图6-86 插入耳朵　　　　　图6-87 成品

——思考与练习——

1. 用废旧纸盒创作一个手工作品，题材不限。

要求造型美观，技法得当，做工细腻精致，作品感染力强。

2. 用废旧塑料创作一件生活实用品，题材不限。

要求合理利用废旧塑料，造型美观，技法得当，做工细腻精致，作品实用性强。

3. 查阅相关资料，结合实际，用废旧材料为幼儿园的教学活动设计一个玩教具。

4. 利用生活中常见的废旧材料，运用切割重构的技法完成一个吊饰或者挂饰作品，题材不限。

单 元 七

幼儿园玩教具制作

 学习目标

素质目标

✦ 通过对幼儿园玩教具制作的学习，能学会从儿童视角出发设计制作玩教具，树立创新设计意识。

✦ 感受玩教具在教育教学活动中的有机融入，积极主动提高自己手工的能力水平和教学素质。

知识目标

✦ 认识玩教具制作的基本工具材料，了解玩教具造型的基本技法。

✦ 了解幼儿园玩教具在游戏活动中的独特的价值，通过自制玩教具的学习激发爱国热情和传承传统文化的历史责任感。

能力目标

✦ 能熟练运用工具材料进行玩教具创作，培养设计与组织幼儿开展游戏活动的能力。

✦ 能熟练运用玩教具配合各领域优秀活动的开展。

 **单元导航**

幼儿园玩教具制作 ┤
- 幼儿健康领域的玩教具制作 ┤
  - 幼儿健康领域的玩教具简介
  - 幼儿健康领域的玩教具制作范例
- 幼儿社会领域的玩教具制作 ┤
  - 幼儿社会领域的玩教具简介
  - 幼儿社会领域的玩教具制作范例
- 幼儿科学领域的玩教具制作 ┤
  - 幼儿科学领域的玩教具简介
  - 幼儿科学领域的玩教具制作范例

幼儿园玩教具制作 ┤
  幼儿语言领域的玩教具制作 ┤ 幼儿语言领域的玩教具简介
                        幼儿语言领域的玩教具制作范例
  幼儿艺术领域的玩教具制作 ┤ 幼儿艺术领域的玩教具简介
                        幼儿艺术领域的玩教具制作范例

 情境导入

　　小梁老师是一名只有一年教龄的老师，在全园的公开课上给小班的小朋友讲授《水的三种形态》的课程时，利用儿童对故事和视频的兴趣去开展教学。在上课中途适时展示了自己课前利用七色不织布（蓝色、橙色、红色、黄色、深蓝色、绿色、土色）和三色卡纸（绿色、蓝色、白色）制作的自然界水循环图，让小朋友感性认识自然界中水的三种形态。课程结束又为小朋友准备了简便材料，引导小朋友自己动手制作一个水循环图，加深对水的三种形态的认识。她本次提供的玩教具教学，让儿童明白了水的三种形态之间的相互转化规律，既锻炼了儿童的动手能力和逻辑思维能力，又增加和发展了儿童的生活常识和危险时刻的自保能力。

图7-1 《自然界中的水循环》

　　玩教具在幼儿园教学活动中有着重要的作用，玩教具是幼儿的"教科书"，好玩的玩教具既能激发幼儿探索的欲望，使幼儿获得丰富的经验，又能使幼儿获得快乐的情感体验。幼儿园自制玩教具，不仅能满足幼儿个性化游戏的需求，提高教师的专业能力，而且有利于传承民族文化，是促进家长参与家园合作的重要方式。那么，幼儿教师应该如何制作玩教具，又应怎样配合几个领域开展游戏活动呢？下面，请一起来探索幼儿园玩教具制作的奥秘，让自制玩教具给游戏活动中的幼儿带来不一样的美感体验吧！

任务一　幼儿健康领域的玩教具制作

一 幼儿健康领域的玩教具简介

　　健康活动是幼儿教育中非常重要的基本内容之一，有关幼儿健康活动的玩教具有很多，每种玩教具均能在健康教育活动中发挥出不同的作用。教师可以针对幼儿身心发展规律和教育工作的实际需求，巧妙利用生活中随手可得的简易物品，自制各种具有教育性、科学性和趣味性的玩教具。自制的健康活动玩教具不仅可以节约教育经费，还能极大地满足儿童健康成长的需要。幼儿健康领域的玩教具主要包括身体类玩教具、饮食类玩教具、情绪类玩教具和体育类玩教具。

　　身体类的玩教具可以帮助幼儿认识自己身体各部位的作用，通过游戏活动学会保护好自己的身体；饮食类玩教具能让幼儿养成良好的饮食习惯，努力做到不挑食，不偏食；情绪类玩教具能让幼儿了解自己常有的几种情绪的确切表达，能帮助养成调整自己的情绪、排除不良情绪的习惯；体育类玩教具让幼儿体验合作游戏的快乐，培养幼儿团结合作的观念，提升体育运动能力，发展自身的健康素养。

二 幼儿健康领域的玩教具制作范例

（一）身体类玩教具——小河马拔牙

微课：小河马
拔牙

1.玩教具名称：小河马拔牙

2.适宜班级：小班

3.玩教具功能：

（1）通过教师朗读，使幼儿理解故事内容。

（2）帮助幼儿知道如何保护牙齿，通过操作使幼儿掌握如何刷牙和漱口。

4.制作工具与材料：彩色卡纸、剪刀、胶棒、黏土、纸壳、牙刷、水杯等。

5.制作技法与步骤：

用绘画和手工制作结合的方式，分别制作完成河马宝宝睡觉前吃零食和因牙痛去医院看病的场景图（图7-2、图7-3）。

图 7–2 小河马睡前吃零食　　　图 7–3 小河马牙痛去看病

（1）把有色卡纸裁成 1 长条（宽 6 厘米、长 45 厘米）和 6 短条（宽 4 厘米、长 35 厘米），利用订书机订成一个帽状物（图 7–4）；用其他颜色卡纸和黏土制作小河马、小河马妈妈和小猴医生的面部各部位，粘贴固定在相应的彩色卡纸上，成为小动物帽饰（图 7–5～图 7–7）。

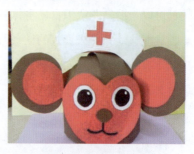

图 7–4 帽状物　　　　　　　图 7–5 猴子医生头饰

图 7–6 河马宝宝头饰　　　　图 7–7 河马妈妈头饰

（2）用黏土做出牙龈和牙齿，并组装完成一个口腔模具（图 7–8、图 7–9）。

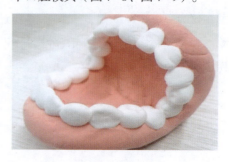

图 7–8 黏土制作牙龈、牙齿　　　图 7–9 口腔模具

6.玩教具玩法：

（1）粘贴背景图，讲述小河马睡觉前偷吃糖的故事。

（2）请几个小朋友按故事中的情节戴上头饰进行角色扮演，开展游戏环节。

（3）游戏结束，教师提问并让幼儿进行相互探讨：

①故事中的小河马怎样才能保护好自己的牙齿呢？怎么刷牙呢？

②教师出示制作好的黏土牙模具，引导幼儿来帮它刷牙（先横着刷）。

（4）准备一段刷牙歌，让幼儿一起伸出小手来刷一刷。

①教师提问：除了刷牙，还有哪些方法保护牙齿？

②教师引导幼儿漱口的时候先喝一口水，然后在嘴里面鼓一鼓，不能把水喝下去也不能随地乱吐。

③教师提议一起来漱口，漱口之前提出把漱口水吐在桶里的要求。

（5）结束环节。

①展示漱口之后的牙齿。

②教师总结强调刷牙和漱口的方法。

（二）饮食类玩教具——好宝宝不挑食

1.玩教具名称：好宝宝不挑食

2.适宜班级：小班

3.玩教具功能：

微课：好宝宝不挑食

（1）帮助幼儿愿意在集体中大胆地表达自己的想法。

（2）帮助幼儿养成良好的饮食习惯，努力做到不挑食，不偏食。

（3）帮助幼儿初步了解食物与健康的关系。

4.制作工具与材料：

废弃矿泉水瓶、剪刀、海绵纸、颜料、白乳胶、不织布、卡纸等。

5.制作技法与步骤：

（1）用剪刀在不织布上剪出制作狗宝宝与狗妈妈所需图案，用针线将狗宝宝与狗妈妈手偶缝制拼接完成（图7-10）。

（2）用卡纸画出薯条、冰激凌、汉堡、披萨、可乐、香蕉、包子、胡萝卜、牛奶并剪下（图7-11）。

图 7-10 缝制狗宝宝与狗妈妈

图 7-11 准备素材

（3）用硬纸板搭建场景，将狗宝宝和狗妈妈放置于内；用卡纸画出窗户，用不织布剪出长方形窗帘并粘贴在窗户上；用卡纸做出桌子，将准备好的食物素材放在桌上，将场景搭建完成（图 7-12）。

图 7-12 搭建吃饭场景

（4）制作开心的小狗、伤心的小狗、小牛、小猪、小老鼠，在卡纸上画出这些小动物的图案，并用彩铅上色，再剪下来；在不同颜色的卡纸上画出山、树、太阳、云朵、灌木丛、花、草等的形状并剪下来，用硬纸板搭建森林场景，完成小动物们在森林中玩耍的场景搭建（图 7-13）。

（5）布置小狗喂食的场景。利用吃饭的场景，拿出矿泉水瓶并在侧面剪开一个大口子，用卡纸画出小狗的头部、舌头、下巴，分别粘贴在矿泉水瓶开口的上、中、下部（图 7-14）。

图 7-13 森林玩耍场景搭建

图 7-14 喂食小狗场景

（6）用不织布剪出红色十字，在卡纸上画出哭泣的小狗和羊医生，用彩铅上色并剪下来（图 7-15），取小动物们的卡纸形象，搭建肚子疼的小狗在医院看病的场景（图 7-16）。

（7）用红色卡纸画出胃的形状，用紫色卡纸画出放大镜下的各种细菌的形状，细节调整后剪下来粘贴在胃部，搭建检查狗宝宝"胃"的场景（图 7-17）。

图 7-15 哭泣的小狗和羊医生　　　图 7-16 搭建看病场景　　　图 7-17 搭建检查胃的场景

6. 玩教具玩法:

（1）结合吃饭场景，欣赏故事《好宝宝不挑食》，让幼儿知道挑食的危害。

①教师戴上手偶讲述故事《好宝宝不挑食》，引导幼儿发现挑食会对身体有危害。

②教师询问：狗宝宝有一个不好的习惯是什么？

（2）结合狗宝宝看病的场景，教师引导幼儿了解狗宝宝因为挑食导致身体越来越差，甚至需要到医院看病。

（3）教师组织幼儿根据故事内容展开讨论。

①教师以故事中狗妈妈的口吻问幼儿有没有小灰狗那样的挑食习惯？

②教师引导幼儿说说如何来帮助小灰狗改掉挑食的习惯。

（4）结合羊医生检查"胃"的场景，教师告诉小朋友长身体需要各种营养，提出不能挑食的要求。

（5）教师结合食物素材图片让幼儿想一想、说一说食物的营养。

教师小结牛奶可以补钙，让小朋友长得高而壮；鱼肉、羊肉能补充热量，让小朋友更有劲儿。

（三）情绪类玩教具——我的情绪小怪兽

1. 玩教具名称：我的情绪小怪兽

2. 适宜班级：中班

3. 玩教具功能：

（1）使幼儿知道快乐、愤怒、害怕、平静、悲伤这几种情绪，并可以用色彩匹配。

（2）使幼儿能确切表达以上几种情绪的感觉。

（3）使幼儿可以调整自己的情绪，排除不良情绪。

4. 制作工具与材料：快递盒、彩色卡纸、白色卡纸、马克笔、水粉颜料、双面胶、剪刀、直尺、铅笔、勾线笔、橡皮等。

5. 制作技法与步骤：

（1）用铅笔在白色卡纸上画出小怪兽的底稿，按照宽10厘米的标准用剪刀裁成三段，再按照长 70 厘米的标准用双面胶将白色卡纸连接起来。将快递盒展开，得到一张大纸板，以长 70 厘米、宽 10 厘米的标准将快递盒裁成三段相同的长方形纸板，并撕开双面胶，将先前得到的白色卡纸平整地粘在快递盒纸上，用刻刀裁去多余部分。分别将柠檬黄、湖蓝色、大红色、草绿色的水粉颜料均匀地涂在纸上，形成四个情绪小怪兽的雏形。

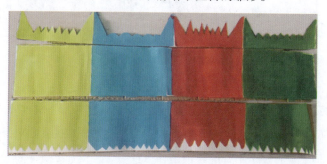

图 7-18 小怪兽的雏形

（2）将快递盒剪出直径为 20 厘米的镂空圆盘，备用；将一张宽 80 厘米、长 65 厘米的长方形快递盒纸板卷曲起来，得到一个圆筒，用双面胶将圆筒和圆盘固定在一起，圆筒和圆盘之间的部分粘上小怪兽的雏形最下部分纸条作为情绪小怪兽面具的身体。按照上一步骤再次剪出两个直径为 20 厘米的镂空圆盘，将宽 80 厘米、长 65 厘米的快递盒纸板卷起来，形成一个圆筒，用双面胶将圆筒两端粘牢，粘贴上小怪兽中间部分纸条并粘贴上表示喜怒哀乐的五官，作为情绪小怪兽的面部。将一张宽 30 厘米、长 60 厘米的长方形快递盒纸板卷曲起来，成为内部支架，再将圆盘和两个圆筒按照圆盘、身体圆筒、圆盘、面部圆筒、圆盘的顺序依次套在内部支架外，如图 7-19、图 7-20 所示。

图 7-19 支架套上身体圆筒   图 7-20 支架套上面部圆筒

（3）同理制作并套上小怪兽的头部圆筒，再进行身体、面部、头部的装饰和细节调整，一个可以转动的情绪小怪兽头戴式面具就做好了，头套不同层之间可以任意转动，可以搭配成任意形象。具体形象如下图所示（图 7-21~ 图 7-25）。

图 7-21 悲伤的蓝色小怪兽　　图 7-22 快乐的黄色小怪兽

图 7-23 平静的绿色小怪兽　　图 7-24 愤怒的红色小怪兽　　图 7-25 立体情绪小怪兽

6. 玩教具玩法：

（1）播放《If You are Happy》做音乐游戏，询问幼儿听到哪几种情绪？

（2）播放 PPT 完整讲述莉莎和情绪小怪兽发生的故事。

（3）教师总结故事内容，设定游戏规则。

微课：我的情绪
小怪兽

①不同颜色的情绪小怪兽想跟我们班的小朋友玩捉迷藏，它们都躲在了盒子后面，只有你们叫出它正确的名字它才会出现。

②情绪小怪兽身上不好看的颜色都被我们整理好了，有几种情绪被留了下来，你们猜猜是什么情绪？

（4）课件出示情境图片，引导幼儿辨别情绪，学会保持良好的情绪，赶走不良情绪。

（5）玩法延伸：去美工区画出或穿戴情绪小怪兽头饰进行表演。

①选取了快乐、平静、悲伤、愤怒这四个最具代表性的情绪，设计了情感教学活动玩教具——情绪小怪兽可穿戴式头套。头套共身体、表情、头部三层，每层都可旋转。将平面转化为立体，将静态转化为动态，引导孩子认识这几个呆萌可爱的情绪小怪兽，让孩子在扮演小怪兽的玩乐过程中，学会辨认这几种基本情绪。

②在具体活动中，要结合不同的音乐旋律和游戏形式，让幼儿感受情绪并大胆地表达情绪。

（四）体育类玩教具——猫抓老鼠

1. 玩教具名称：猫抓老鼠

2. 适宜班级：大班

3. 玩教具功能：

（1）通过游戏，提高幼儿跑和钻的能力。

（2）培养幼儿协同一致的情感，发展灵活性。

（3）商讨游戏规则，体验合作游戏的快乐，培养幼儿团结合作的观念。

4. 制作工具与材料：卡纸、剪刀、固体胶、小刀、圆规等。

5. 制作技法与步骤：

（1）用有色卡纸先画出蓝猫和老鼠的组合部件形状并剪下，然后依次粘贴成蓝猫、老鼠头饰，如图 7-26、图 7-27 所示。

（a）蓝猫的组合部件

（b）依次粘贴

图 7-26 蓝猫头饰

（a）老鼠头饰 1

（b）老鼠头饰 2

图 7-27 老鼠头饰

（2）依照同样的方法，可以用不同颜色的卡纸制作多个老鼠头饰，以备活动之需。

6. 玩教具玩法：

（1）教师准备好蓝猫头饰 1 个、老鼠头饰 10 个左右、背景音乐，设好鼠洞。

①挑选幼儿戴上猫头饰，听《猫和老鼠》的音乐从教室去往活动场地，四散站立。

②听音乐做上肢运动（猫理胡子）、手腕和脚腕活动（磨爪子）、下蹲后跳起活动（捕鼠）。

（2）教师讲解示范"猫捉老鼠"游戏的玩法。

老鼠钻在洞里，猫在洞外的房子里。听到游戏开始的信号后老鼠要钻出洞到外面偷东西，不能一直躲在鼠洞口，被捉到的老鼠立即站在边上。

（3）开始游戏。

部分幼儿（10人左右）戴上老鼠头饰，1位幼儿戴上蓝猫头饰，然后游戏开始，同时播放《猫和老鼠》音乐。教师巡回观察、指导，随时提醒幼儿注意安全。

（4）调换角色，由原先扮演猫的幼儿扮老鼠，进行第二遍游戏，教师巡回指导。

游戏进行3~4遍。每次游戏结束，教师都进行简单的小结，鼓励姿势正确、钻得迅速、跑得灵活的幼儿。

（5）游戏结束，教师进行点评。

任务二　幼儿社会领域的玩教具制作

一　幼儿社会领域的玩教具简介

幼儿教育是逐步培养其社会意识与能力的过程。社会领域玩教具的应用，可以让幼儿在活动中模拟成人世界，学习生活技巧，有更多机会认识自己身边环境并吸收相关生活经验。

社会领域中的玩教具按作用可以分为以下几个大类：

交往类玩教具。能引导幼儿参加各种集体活动，体验与教师、同伴等共同生活的乐趣，帮助他们正确认识自己和他人，养成对他人和社会亲近、合作的态度，学习初步的人际交往技能。

规则类玩教具。能以多种方式引导幼儿认识、体验并理解基本的社会行为规则，学习自律和尊重他人。

职业类玩教具。能引导幼儿了解自己的亲人以及与自己生活有关的各行各业人们的劳动，培养其对劳动者的热爱和对劳动成果的尊重。

二　幼儿社会领域的玩教具制作范例

（一）节日类玩教具——红红火火过新年

1.玩教具名称：红红火火过新年

2.适宜班级：大班

3. 玩教具功能：

（1）使幼儿了解春节的来历，理解故事《年兽的传说》的内容。

（2）使幼儿积极参与活动，制作烟花。

（3）使幼儿体验节日的快乐，进行放烟花游戏。

4. 制作工具与材料：硬卡纸、剪刀、白胶、铅笔、双面胶、黏土、刻刀等。

5. 制作技法与步骤：

（1）制作大树：用橙色的卡纸剪成大树的形状，用刻刀划出想要的形状，折好。用绿色的卡纸剪成叶子的形状，用剪刀在一边剪一个小口，用双面胶粘上。最后，把树叶粘到树上（图7-28）。

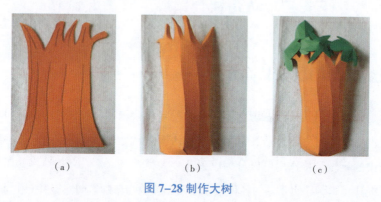

（a）　　　　　　　　（b）　　　　　　　　（c）

图 7-28 制作大树

（2）制作灯笼：先用绿色的卡纸卷成一个小圆柱，然后拿一张红色的卡纸，中间用小刀划成一条条的长条，最后用双面胶把红色卡纸的两条边粘在绿色卡纸的小圆柱上，一个简单的灯笼就做成了（图7-29）。

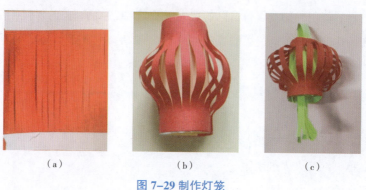

（a）　　　　　　　　（b）　　　　　　　　（c）

图 7-29 制作灯笼

（3）制作草丛：首先在绿色的卡纸上画出小草的形状，然后裁剪下来；用刻刀在每一株小草的中间留下刻印，最后用手指捏出形状。再做一丛相同的小草，用双面胶将两丛小草粘在一起（图7-30）。

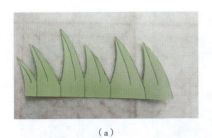　

（a）　　　　　　　　　　　　（b）

图 7-30 制作草丛

（4）制作年兽：取蓝色、黄色、红色、白色、黑色黏土，先用红色黏土做成年兽的脑袋，再用蓝色黏土卷成耳朵，黄色黏土卷成眉毛，红色黏土搓成椭圆形做成年兽的角，再用白色和蓝色黏土做成眼睛、鼻子和嘴巴。下半身跟上半身一样，用黏土分别捏成不同的部位（图7-31）。

（5）制作小女孩：取淡红色黏土做成小女孩的帽子和衣服，用白色黏土做成脸、衣领和手，蓝色黏土做成鞋子，黑色黏土做成眼睛，肉色黏土做成鼻子，黄色黏土做成刘海，再把各个部位粘好，最后画上嘴巴（图7-32）。

（6）制作鞭炮：首先用红色的卡纸卷成一个圆筒，在封口处用双面胶粘在一起，然后裁剪两条黄色的纸条，最后将黄色的纸条粘在红色圆柱体的上下两端（图7-33）。

图 7-31 年兽　　　　　　　图 7-32 小女孩　　　　　　图 7-33 鞭炮

（7）制作烟花：准备白色的硬卡纸，首先将白色硬卡纸对折，然后将对折过的卡纸两边继续对折，将对折过的卡纸两边再继续对折，最后展开卡纸涂上黑色；把白色、蓝色、黄色、橘色的卡纸剪成不同宽、长的长方形，然后把卡纸折成下面微弯的纸条或卷成圆筒等，最后，将纸条和圆筒按照自己想要的形状用双面胶粘贴固定在黑色卡纸上（图7-34）。

（8）制作房子：首先拿一张黑色的卡纸，中间包裹笔折成波浪形，再将它从中间对折一下，这样一个屋顶就完成了。房子的墙体部分用白色的卡纸围成一个长方体的模型，再用小刀将其中一面的中间开出一个门的形状，把对联贴在门的两侧。最后把屋顶放在长方体的上面，这样一个房子就完成了（图7-35）。

图 7-34 烟花

图 7-35 房子

6. 玩教具玩法：

（1）播放欢快的音乐《新年好》。

①教师询问小朋友们是否知道这首歌的名字，过新年的时候都要做些什么呢？

②大家都知道过年的时候要放鞭炮，贴对联。那小朋友们知道为什么要做这些事情吗？

（2）播放课件《年兽的传说》，老师讲解有关年的传说。

（3）手工活动制作烟花，引导幼儿了解春节的来历。

①教师演示制作烟花：将硬纸板卷起来，用双面胶粘好，然后将彩色的皱纹纸撕成若干条，将它们和硬纸板卷粘在一起，漂亮的烟花就做好了。

②幼儿分成四组，每组五人，进行自由制作。

③互相展示，看谁的做得有创意、漂亮。

（4）开展游戏。

①游戏规则：一个学生为小女孩，站在小路的尽头；另一个学生为年兽，站在房子最左边。由老师出题（题目来自《年兽的传说》），以抢答的方式回答问题。答对的一方前进一步，若年兽碰到小女孩，则年兽获胜；若小女孩回到家中，则小女孩获胜（图 7-36）。

②游戏演示：游戏有三种结局，一是小女孩顺利到家；二是小女孩碰到年兽，此时则用鞭炮吓走年兽，顺利到家；三是小女孩被"吃掉"，年兽获胜。

（a）

（b）

（c）

图 7-36 游戏场景

（二）人物类玩教具——我变了

1. 玩教具名称：我变了

2. 适宜班级：小班

3. 玩教具功能：

（1）通过体验绘本故事中长颈鹿从不自信到自信的心理变化，引导幼儿发现只要大胆尝试，找到适宜的方法就能改变自己。

（2）帮助幼儿在活动中树立一定的自信，感受自己变化带来的快乐与成长。

4. 制作工具与材料：硬纸板（纸箱）、双面胶、大胶布、固体胶、黏土、黏土工具、剪刀、牙签、卡纸、卷纸、马克笔、自动铅笔、橡皮等。

5. 制作技法与步骤：

（1）用硬纸板、绿色卡纸、固体胶、超轻黏土制作玩教具的背景，包括主舞台、树（图7-37、图7-38）。

图7-37 主舞台

图7-38 树

（2）把一段长卷纸卷成麻绳状，把卷好的麻绳状的纸，不断盘绕直至形成一个圆盘，并用胶带固定好，背面用马克笔涂上棕色和褐色，一个树桩舞台就做好了（图7-39）。取两根硬纸板裁剪的条形，粘上森林舞会的纸条（图7-40）。

图7-39 树桩舞台

图7-40 森林舞会大门

（3）用超轻黏土制作好长颈鹿（图7-41）；自行选择一些音乐相关道具进行制作，本组选择的是鼓、鼓槌、镲等（图7-42）。

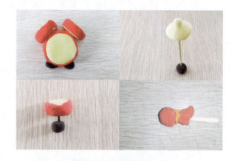

图 7-41 长颈鹿　　　　　　　　　图 7-42 森林舞会道具

（4）根据情节的需要，用超轻黏土制作蟋蟀、咕咕鸡和毛毛虫等舞台参与动物（图7-43~图7-45）。

图 7-43 蟋蟀　　　　　　图 7-44 咕咕鸡　　　　　　图 7-45 毛毛虫

（5）将树木、森林舞会大门、树桩舞台、舞会道具和小动物放入到主舞台中，注意布局合理，即完成（图7-46）。

图 7-46 森林舞会成品

6.玩教具玩法：

（1）情境导入，移情同化。

通过讲述绘本故事，让幼儿感受长颈鹿因为膝盖向外弯曲而不会跳舞的心情。

①师：森林里每年都会举行舞会，今年的舞会马上要开始了，可是长颈鹿不会跳舞，它当时的心情会是怎样的呢？有什么办法可以帮助到它成功参加舞会呢？

②幼儿自由回答。

③教师进行总结，引导幼儿帮长颈鹿想办法。

（2）结合森林舞会玩教具中的小动物，借助音乐动作，感受"我的变化"。

教师引导幼儿跟随音乐一起跳舞，感受长颈鹿的心情变化。

小结：长颈鹿从不自信变得自信，是因为它接受了小蟋蟀的建议，找到了一首合适的曲子，并且不断努力克服了不自信。

（3）植入游戏，分享经验。

小结：生活中每个人在不同的时候都会遇到各种各样的困难，只要心中充满阳光、勇敢地面对，总会找到合适的应对方法，每个人都能变得比以前更了不起！

（4）玩教具的应用。

①玩教具的作品大部分都可灵活取用，小朋友们可自行选择想要扮演的动物角色，用手拿起黏土动物，通过语言模仿和手部动作扮演角色，融入故事本身，充分理解故事发展。作品中还有架子鼓、镲等乐器，也可运用鼓槌尝试敲击，让小朋友本身成为故事背景的一部分。

②本次活动中的玩教具够 4~5 个儿童操作，可采用扮演动物进行对话的玩法，从而达到娱乐的目的。在玩的过程中，注意轻拿轻放黏土动物，可以用手轻轻地拿着玩具，也可使用牙签或树枝来控制玩具，提醒幼儿切忌把玩具放进口中。

（三）情感类玩教具——感恩的心

1. 玩教具名称：感恩的心

2. 适宜班级：中班

3. 玩教具功能：

（1）使幼儿了解故事情节，理解故事含义。

（2）帮助幼儿知道在自己的成长中有许多的人在付出，幸福生活来之不易。

（3）初步培养幼儿的感激之情、感恩之心。

4. 制作工具与材料：各色卡纸、剪刀、双面胶、胶棒等。

5. 制作技法与步骤：

（1）在红色卡纸上画出制作小女孩的主体零件（手、鞋子、帽子、衣服），剪下并拼贴成小女孩轮廓（图7-47）。

图 7-47 小女孩轮廓

（2）制作推拉条两个（图7-48），裁出卡纸（具体尺寸根据背景图的需要设定），并制作背景图（图7-49）。

图 7-48 推拉条

图 7-49 背景

（3）用卡纸制作好玩教具中的树干、树叶、花朵、蚂蚁等，连同小女孩一起用白乳胶粘贴在背景中，进行细节装饰并完成组合（图7-50）。

（a）

（b）

图 7-50 完整背景

6. 玩教具玩法：

（1）欣赏课件，了解故事情节、故事含义。

（2）展开游戏活动，进一步理解故事含义。

①拉动推拉条，使人物动起来，给幼儿讲述人物故事（小蚂蚁走了很久的路，它觉得自己要渴死了，这时有个正在哭泣的小女孩跑过来，小女孩的眼泪解救了口渴中的蚂蚁，蚂蚁也帮助了小女孩，使其重新展现笑颜）。

②讲述故事后询问小朋友这个故事中都发生了什么，又引发了小朋友什么样的疑问？

（3）迁移经验，说说自己生活中被关心、被帮助的情景。

①故事拓展，培养儿童语言交流能力，说说自己身边的故事（有哪些人帮助过你、你帮助过别人什么事）。

②交流感恩的方法，制作感恩卡，送给辛苦抚养自己的父母。

（四）安全类玩教具——玩火的小猴子

1.玩教具名称：玩火的小猴子

2.适宜班级：中班

3.玩教具功能：

微课：玩火的
小猴子

（1）使幼儿了解火灾发生的几种原因，知道在平时生活中不能随意玩火，培养幼儿的防火意识。

（2）使幼儿知道火警电话"119"，以及拨打"119"的正确方法。

（3）帮助幼儿学习几种火场逃生的方法和技能，提高幼儿的自我保护能力。

4.制作工具与材料：有色卡纸、超轻黏土、矿泉水瓶盖、一次性筷子、白乳胶等。

5.制作技法与步骤：

（1）准备一个纸盒子，裁剪为背景，粘贴上蓝色和绿色卡纸，并制作树、月亮与草丛
（图7-51、图7-52）。

图 7-51 制作背景　　　　　　　　　图 7-52 树木与草丛

（2）将一个纸盒子用橘红色的折纸包住，并粘上玻璃和车灯装饰；两边各裁出一个门，
用瓶盖做成轮胎，用吸管做成水管，用筷子做成梯子，用黏土做成警示灯，并将它们都固定在
盒子相应的位置上，消防车完成（图7-53）。

（a）　　　　　　　　　　　　　（b）

图 7-53 制作消防车

（3）用棕色黏土揉成小猴子的身体，并用棕色和白色黏土混合揉成小猴子的肚皮，捏出小猴子的手臂和腿，用牙签把小猴子的头部、身体连接成一个完整的整体（图7-54），用此方法制作出多个小猴子。用超轻黏土制作好灭火器和火堆（图7-55、图7-56）。

图7-54 猴子　　　　　　　　图7-55 灭火器　　　　　　　　图7-56 火堆

（4）将猴子、火堆与背景组合在一起，调整细节，营造出猴子们在森林玩火导致着火，消防车及时赶到的两个场景（图7-57、图7-58）。

6.玩教具玩法：

（1）结合小猴子们在森林里玩火的场景，讲述故事《玩火的小猴子》。

①教师提问故事说的是谁？发生了什么事情呢？是什么原因引起的大火？

②组织幼儿展开讨论故事中为什么会起火？

（2）认识可燃物。

①幼儿交流自己了解的火灾。

②说说活动室的易燃物品。

③认识火的危害。

（3）教师总结火灾会给我们带来什么危害，怎么预防火灾的发生。

运用玩教具展示故事《玩火的小猴子》的情节，小猴子在森林玩火导致树丛着火，幸好消防车及时到来才使火灾得以控制。生动形象的故事使小朋友们印象深刻，具有范例警示作用，从而牢记消防安全。

图7-57 小猴子们玩火　　　　　　　　　　　　图7-58 消防车赶到

（五）安全类玩教具——水好玩也危险

1. 玩教具名称：水好玩也危险

2. 适宜班级：大班

3. 玩教具功能：

（1）通过故事了解帮助幼儿和掌握防溺水安全要求，不到江河、池塘、水库等危险地方游泳、玩水。

（2）使幼儿知道在什么情况下才可以游泳，形成自我保护的基本意识。

（3）培养幼儿热爱生命、珍惜生命的情感和态度。

4. 制作工具与材料：胶水（或者是热熔胶）、黏土、刻刀、笔、冰棒棍、卡纸。

5. 制作技法与步骤：

（1）制作轮船：可以运用冰棒棍将其拼接成如图 7-59 所示的样子，然后用胶水将其粘在一起；船的底部粘好后，上方可以根据需要自行创作，拼出小船（图 7-60）。

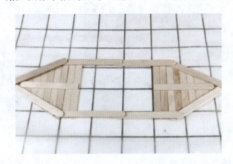

图 7-59 小船底部 　　　　　　　　图 7-60 小船

（2）制作飞机：按照图 7-61 所示准备好材料，再根据图 7-62 拼接组装完成，可以根据自己的喜好涂色和装饰。

图 7-61 飞机部件制作 　　　　　图 7-62 飞机

（3）做好船与飞机之后我们可以做些相应的场景与动物来烘托环境氛围，如用卡纸剪出云朵（图 7-63）、雪山、海浪（图 7-64）、礁石等，还可以用黏土捏出一只螃蟹（图 7-65）。

图 7-63 云朵

图 7-64 海浪

图 7-65 螃蟹

（4）取一个纸盒子将其涂成蓝色，盒子内部两侧用冰棒棍进行固定，防止合上。将轮船、飞机、云朵、海浪、螃蟹等安放在盒子中，营造海中航行的场景（图7-66）。

（5）还可以做一些游泳时需要的物品来让幼儿进行了解和认识，如配合场景用黏土制作游泳圈（图7-67）和救生衣（图7-68）等。

图 7-66 完整场景

图 7-67 游泳圈

图 7-68 救生衣

6.玩教具玩法：

（1）用玩教具导入。

①炎热的夏天悄悄来到了，你在夏天最喜欢做什么？

②玩水时应该注意些什么？

（2）用玩教具演示皮皮猴落水的故事，知道水好玩但也危险。

①听皮皮猴落水的故事。

②交流讨论皮皮猴身边发生的事情，设想如果自己是皮皮猴应该怎么办？

（3）用课件出示周围环境中一些不安全场所的图片。

①小河不能去：在小河里容易被水冲走。

②水库不能去：水库的水太深了，不适合游泳。

③池塘不能去：不能去池塘边钓鱼、游泳、玩水。

④无盖的水井不能靠近：水井太深，很危险。

（4）配合玩教具演示，讨论游泳安全。

①你知道游泳要和谁一起去吗？能不能自己一个人去呢？能不能和小朋友去？

②你喜欢到哪里去游泳？需要带上什么游泳工具呢？

任务三 幼儿科学领域的玩教具制作

一 幼儿科学领域的玩教具简介

科学是现实世界中事物运动的客观规律。儿童是天生的科学探究者，他们学习、探索着所处的世界，不断构建着自身认识周围世界的内在模型。幼儿科学活动通过引导和支持幼儿开展探究、发现等活动，让他们逐渐获得有关物质世界及其关系的经验。了解和认识科学需要幼儿亲身经历其探究过程，寻求问题解决的策略。这种经历和实践应该是主动的，具有生活化、生成化、可持续和多样化等特点。

配合科学活动的玩教具是指幼儿及幼儿教师在幼儿园科学教育活动中所使用的玩教具，包括幼儿数学活动玩教具与幼儿科学活动玩教具两大类。它能辅助幼儿科学教育活动的有效开展，增强幼儿园科学活动的直观性、趣味性和实践性。

二 幼儿科学领域的玩教具制作范例

（一）图形数量玩教具——有趣的图形

微课：有趣的
图形

1. 玩教具名称：有趣的图形

2. 适宜班级：小班

3. 玩教具功能：

（1）使幼儿初步认识三角形、圆形、正方形的特征。

（2）让幼儿能根据小蛇肚子的形状，进行食物的匹配与简单组合。

4. 制作工具与材料：纸壳、剪刀、胶水、马克笔、尺子等。

5. 制作技法与步骤：

（1）在纸壳上画好小蛇，再剪切下来（图7-69、图7-70）。

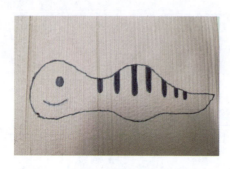

图 7-69 画小蛇

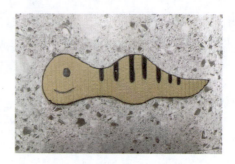

图 7-70 剪切小蛇

（2）制作所有玩教具零件，包括正方形、三角形、圆形食物卡片（图 7-71），以及腹部呈现不同形状的小蛇（图 7-72）。

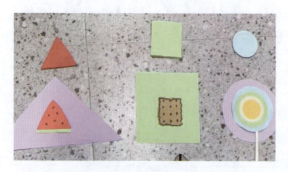

图 7-71 食物卡片

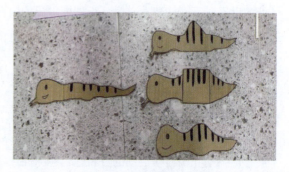

图 7-72 不同形状小蛇

6. 玩教具玩法：

（1）观察玩教具，引起幼儿兴趣。

①小蛇肚子饿了，在东看西看寻找能吃的东西。

②引导幼儿观看小蛇的肚子，复习并感知圆的图形特征。

（2）根据小蛇肚子的形状，猜小蛇肚子里吃了什么。

①出示圆形卡片，师幼讨论圆形的特征。

②出示三角形卡片，师幼讨论三角形的特征。

③出示正方形卡片，师幼讨论正方形的特征。

（3）玩"喂小蛇吃食物"游戏，尝试图形匹配。

（二）数字对应玩教具——神奇的大转盘

1. 玩教具名称：神奇的大转盘

2. 适宜班级：小班

3. 玩教具功能：

微课：神奇的
大转盘

（1）让孩子们感受到数字游戏的乐趣。

（2）让孩子们在游戏中能够将基本数字进行对应。

（3）感知八以内的数量与数字对应关系。

4.制作工具与材料：纸壳、各色手工纸、剪刀、胶水、图钉、马克笔等。

5.制作技法与步骤：

（1）将准备好的硬壳纸，剪出三个不同大小（大、中、小）的圆形（图7-73）。

（a）　　　　　　　　（b）　　　　　　　　（c）

图7-73 三个圆形纸片

（2）取八种不同颜色的手工纸，裁剪成三组不同大小（大、小、中）的扇形，每组扇形都有八种不同颜色，分别粘贴在对应大小的圆盘上（图7-74）。

图7-74 八个扇形

（3）分别在大、中、小扇形上画上苹果、小黑点、阿拉伯数字（图7-75）。

（4）把三个转盘中间用图钉组装起来，再加上手工纸裁出的小箭头，组装完成大转盘玩教具（图7-76、图7-77）。

（a）画苹果　　　　　　（b）画点数　　　　　　（c）标数字

图7-75 做标记

图 7-76 组合　　　　　　图 7-77 装上指针

6. 玩教具玩法：

（1）导入。

大象伯伯丰收的苹果又大又圆，可是大象伯伯年纪大了眼睛有些花啦，它想请我们去帮它数数每次摘下来的苹果到底有多少个，我们快去帮大象伯伯数数看它到底收了多少个苹果好吗？

（2）代入教具。

那小朋友知道这些数字分别是多少吗？哪个小朋友可以尝试找到这个数字对应的水果数量呢？

（3）做游戏"快乐大转盘"。

老师转动转盘，请小朋友说出指针对着的物体数量（比如：指针对着的数量是八的时候，请你转动剩下的两个转盘），可以提醒可根据颜色来进行转动。

（三）认识闹钟玩教具——守规矩的闹钟

1. 玩教具名称：守规矩的闹钟

2. 适宜班级：大班

3. 玩教具功能：

微课：守规矩的
闹钟

（1）让幼儿熟悉时钟，了解钟面的主要结构。

（2）教会幼儿辨认整点与半点，了解时针、分针以及它们之间运转的关系。

（3）培育幼儿思索问题、解决问题及快速应答的能力。

4. 制作工具与材料：马克笔、彩色卡纸、胶棒、剪刀、圆规、扭扭棒、瓦楞纸、木棍等。

5. 制作技法与步骤：

（1）将准备好的长方形瓦楞纸卷成圆柱体，用固体胶和双面胶固定（图 7-78）。取一条长方形瓦楞纸作提手，提手两端部分塞入圆柱体的缝隙中，并用固体胶固定，钟表主体框架便完成了（图 7-79）。

图 7-78 柱状芯

图 7-79 钟表主体框架

（2）把较细长的瓦楞纸卷成圆柱体，用固体胶固定；用瓦楞纸剪出两个脚掌形纸片。再用固体胶把绿色卡纸包裹在这些零件外面。以此为例共做四个圆柱体，作为青蛙的四肢，将脚掌粘在四肢末端，再将四肢与钟表主体框架进行组装和粘贴固定（图 7-80~图 7-82）。

图 7-80 青蛙上肢

图 7-81 青蛙下肢

图 7-82 组装

（3）在纸板上用圆规画出一个比圆柱体柱状芯略大的圆和与柱状芯等大的圆，作为表盘主体。用黄色卡纸和绿色卡纸裁剪出与上两个圆等大的纸片，并分别粘贴在一起用作表基。用红色卡纸裁剪出 12 个小圆，并用马克笔写上数字 1-12，作为钟表的刻度。用蓝色卡纸做出时针、分针和秒针。将表盘、刻度用固体胶粘在一起，再用图钉将时针、分针、秒针连接在圆心处，钟就做好了（图 7-83）。

（4）用白色和绿色卡纸剪出大小相同的两个白色小圆和一个绿色小圆，将绿色小圆对半剪开，用固体胶粘在白色小圆上，作为青蛙的眼睛，并用黑笔画出眼珠；用红色卡纸剪成椭圆形做成两颊腮红并粘贴。将装饰好的青蛙时钟表盘粘贴在主体框架上，完成青蛙小闹钟（图 7-84、图 7-85）。

图 7-83 表盘

图 7-84 青蛙与钟面组合

图 7-85 青蛙钟

6.玩教具玩法：

（1）观看各种不同类型的时钟及计时器，知道时钟的用途。

①展现收集到的各种计时器。

②引导幼儿结合自己的生活阅历进行介绍。

（2）熟悉时钟。

①老师出示时钟玩教具后，引导幼儿观看钟面上数字的位置以及三根指针的长短。

②拿出实体指针式时钟观看时钟指针的运转方向及其相互关系。

（3）幼儿游戏操作活动。

①以老师拨钟幼儿辨认、老师报时间幼儿拨针的形式，巩固对整点与半点的熟悉。

②幼儿与同伴之间一个报时间，另一个拨钟，检查后相互交换。

（四）科学现象玩教具——水的三种状态

1.玩教具名称：水的三种状态

2.适宜班级：小班

3.玩教具功能：

微课：水的三种
状态

（1）让幼儿明白水的三种形态相互转化的道理。

（2）使幼儿间接地学会安全用火和自保意识。

（3）使幼儿学习和掌握相关的生活常识和技能。

4.制作工具与材料：不织布、剪刀、胶水、卡纸、棉花、超轻黏土、双面胶、纸板等。

5.制作技法与步骤：

（1）剪下一块纸板、两块紫色长方形卡纸和一块黄色长方形卡纸，将卡纸粘在纸板上。再用卡纸画出兔宝宝在睡觉的样子并剪下，用不织布制作出胡萝卜枕头和小被子、窗帘和火盆，粘在相应位置后用丙烯马克笔装饰画面（图7-86）。

图7-86 兔子休息图

图7-87 房子着火图

（2）剪下一块纸板，取两张绿色卡纸和一张蓝色卡纸粘在纸板上，用超轻黏土制作出一个雪人固定在背景板上。用不织布剪出火和房子的形状，全部粘在纸板上，再用丙烯马克笔写字并装饰画面（图7-87）。

（3）剪下一块纸板，取一张黄色卡纸粘上去，再用白色卡纸画出雪孩子抱着兔子一步步融化的画面，并且上色。用不织布剪出火的形状粘在纸两边，再用丙烯马克笔装饰画面（图7-88）。

（4）用纸板做背景，剪下两张绿色卡纸和一张白色卡纸粘上去。用蓝色不织布剪下云的形状，在白色卡纸上画出图画，用卡纸做出树木并上色，粘贴在白色卡纸一侧，最后用丙烯马克笔装饰（图7-89）。

图7-88 雪孩子救火图

图7-89 雪孩子的故事

6. 玩教具玩法：

（1）开始部分，认识水的三种基本形态。

教师出示教具，帮助幼儿认识水的三种基本形态：液态、固态、气态。

（2）基本部分，了解水的三态变化的条件。

（3）讲述《雪孩子的故事》，进行游戏活动。

结合兔子休息图，由于窗帘着火引发火灾，请儿童从房子着火图中选择出正确的救火选项，从而增加儿童的生活常识和增强自保能力。

结合雪孩子救火图，向儿童解释水的三种形态和水的相互转化，从而使儿童认识和理解水。以这种儿童感兴趣的形式，使儿童明白水的三种形态相互之间的转化规律。

（4）活动拓展。

幼儿和爸爸妈妈一起寻找答案：为什么深秋初冬的时候会出现霜呢？

（五）动物生长玩教具——冬天的动物

1. 玩教具名称：冬天的动物

2. 适宜班级：小班

3. 玩教具功能：

（1）帮助幼儿了解动物冬眠、迁徙、换毛、储存食物等几种常见过冬方式，知道昆虫采用留卵的方式过冬。

（2）使幼儿能对动物的过冬方式简单分类，出现疑问时能主动询问教师、家长并大胆交流自己的看法。

（3）使幼儿萌发探索动物生活习性的兴趣，体验搜集、分享、合作的快乐。

4. 制作工具与材料：纸盒、彩色卡纸、黏土、树枝、纸巾、马克笔、绳子等。

5. 制作技法与步骤：

（1）将纸盒裁剪为敞口的造型，设计四条路线并涂上颜色，用纸片将迷宫路线围起来，并在每条线路上放置纸折的敞口小盒子（图7-90、图7-91）。

图7-90 迷宫路线　　　　图7-91 组装迷宫路线

（2）在卡纸上绘制动物的图案并将其裁剪下来，将纸弹簧与绘制裁剪的图案进行组合（图7-92、图7-93）。

图7-92 动物图案　　　　图7-93 纸弹簧与动物组合

（3）用超轻黏土和卡纸装饰青蛙的家，用绿色卡纸裁剪出荷叶并画上叶脉，将荷叶与青蛙放置在迷宫路线中（图7-94、图7-95）。

图7-94 荷叶　　　　　　　　图7-95 青蛙的家

（4）使用黏土和卡纸装饰燕子迁徙的目的地，用黏土捏出鸟巢的形状，用树枝装饰，并用绿色卡纸制作树，将鸟巢和树放入迷宫作为装饰（图7-96~图9-98）。

图7-96 鸟巢　　　　　图7-97 树　　　　　图7-98 燕子的家

（5）用卡纸制作一棵大型松树放在松鼠路线上，在树上放置黏土制作的虫卵，利用卡纸制作一只蝴蝶，并将蝴蝶挂在树上（图7-99、图7-100）。

图7-99 松鼠的家　　　　　图7-100 蝴蝶与虫卵

（6）用黏土和卡纸装饰小兔子的家，用黏土做出松子，同松树及其他装饰物一起放入森林迷宫进行装饰（图7-101、图7-102）。

图 7-101 兔子的家

图 7-102 动物们的家

（7）制作各种动物的头饰（图7-103）。

（a）

（b）

图 7-103 动物头饰

6.玩教具玩法：

（1）教师简单介绍动物的过冬方式，让幼儿感受动物过冬方式的多样和神奇。

（2）借助课件引导幼儿欣赏故事，了解动物冬眠、迁徙、换毛、储存食物等几种常见过冬方式。

①讲述故事，引导幼儿观看课件《冬天的动物》，帮助幼儿理解不同动物的过冬方式。

②鼓励幼儿讲述故事里的动物是怎样过冬的。

（3）开展游戏活动。

小朋友们戴上动物头饰分别扮演四种不同的动物（蝴蝶由教师展示），用自己的话讲述自己扮演的动物的过冬方式并让别的小朋友理解。

（4）游戏拓展。

人类为了适应冬天的寒冷、保护自己，也想出了许多好办法。希望小朋友在冬天里擦好护手霜，戴好棉帽、手套、口罩，保护好自己。

（六）植物生长玩教具——好吃的西瓜

1. 玩教具名称：好吃的西瓜

2. 适宜班级：大班

3. 玩教具功能：

（1）帮助幼儿学习运用多种感官认识事物，感知、探索西瓜的基本特征。

（2）通过观察西瓜生长的过程，让幼儿体验种植的乐趣。

（3）使幼儿愿意参加科学活动，能用简单的语言把自己的发现告诉老师和同伴。

4. 制作工具与材料：有色卡纸、胶棒、彩色记号笔等。

5. 制作技法与步骤：

（1）用绿色卡纸折叠出西瓜苗，将西瓜叶在卡纸上用铅笔勾勒出来之后裁剪下来，用卡纸折出细长卷曲的纸条做西瓜藤，然后将西瓜叶和藤组装在一起，最后再加几朵西瓜花做装饰（图7-104~图7-106）。

图7-104 西瓜秧　　　　　　图7-105 西瓜叶　　　　　　图7-106 西瓜藤

（2）在绿色卡纸上裁出数片橄榄形纸片并折三折，然后将所有纸片的两端固定并贴起来，最后涂上黑色线条（图7-107、图7-108）。

图7-107 西瓜模型　　　　　图7-108 成型西瓜

（3）制作西瓜块：取一张绿色卡纸裁剪出一个大圆形纸片，再取一张红色卡纸裁出略小一点的圆形纸片，粘贴在一起；同理用卡纸裁出若干绿色扇形纸片和小一点的红色扇形纸片，粘贴成西瓜片，最后再画上西瓜籽（图7-109）。

图 7-109 西瓜块完成图

6.玩教具玩法：

（1）提问导入。

大家喜欢吃西瓜吗？知道西瓜怎么来的吗？小朋友们有没有自己亲手种过西瓜？知道西瓜种子长什么样吗？

（2）教师播放视频，幼儿观看视频，了解西瓜成长过程的变化。

（3）用自制玩教具演示西瓜成长的过程。

（4）拓展"分西瓜"活动，让幼儿能够认识数字。

西瓜长大了之后我们要把西瓜分给小朋友们，这里有四个盘子，盘子上面分别写着不同的数字，数字代表着西瓜的数量，在盘子上放上相应数量的西瓜片吧。

任务四　幼儿语言领域的玩教具制作

一　幼儿语言领域的玩教具简介

语言是人类最重要的交际工具。经大量心理学家和语言学家研究表明：婴幼儿时期是语言发展的关键期（或称最佳期）。如能在这一阶段提供良好的语言教育条件，不仅能促进婴幼儿语言的发展，而且能提高婴幼儿口语表达的质量；反之，错过了语言发展的最佳阶段，或忽视了对婴幼儿的语言教育工作，就可能会延缓、阻碍婴幼儿的语言发展。所以，幼儿园时期的语言教育活动对幼儿来说是极其重要的。

配合语言活动的玩教具是指围绕幼儿园语言教育活动展开的玩教具，它既能帮助幼儿园语言教育活动的顺利开展，又能在寓教于乐中帮助幼儿提高其语言能力，是适合幼儿语言教育的一大帮手。

二　幼儿语言领域的玩教具制作范例

（一）谈话活动玩教具——红红火火过新年

1. 玩教具名称：红红火火过新年

2. 适宜班级：大班

3. 玩教具功能：

（1）使幼儿了解春节的来历。

（2）让幼儿能够大胆地说出自己的想法。

（3）让幼儿乐意参加活动。

4. 制作工具与材料：有色卡纸、尺子、剪刀、胶水、穗子、马克笔等。

5. 制作技法与步骤：

（1）将不同颜色的彩纸分别进行裁剪、弯曲、粘贴，组合得到鞭炮的造型（图 7-110 ~ 图 7-112）。

图 7-110 彩纸条　　　　　图 7-111 鞭炮雏形　　　　　图 7-112 鞭炮

（2）粘贴组合完成食物、圆桌、鞭炮串等造型（图 7-113 ~ 图 7-115）。

图 7-113 食物　　　　　图 7-114 圆桌　　　　　图 7-115 鞭炮串

（3）利用红黄色卡纸制作好对联、灯笼、鱼挂饰、红包和年夜饭（图7-116～图7-120）。

图7-116 对联

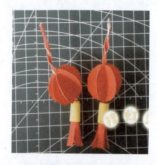
图7-117 灯笼

图7-118 鱼挂饰

图7-119 红包

图7-120 年夜饭

6.玩教具玩法：

（1）老师给幼儿展示有关过年的玩教具，提问幼儿看见了什么？什么时候才能看见这样的东西？

（2）春节你们是怎样过的？都会做些什么？

（3）老师向幼儿讲述年的起源故事。

（4）让幼儿说说自己最喜欢过年时的哪项活动。

（5）开展游戏活动。

①带领小朋友制作手工小鞭炮。

②利用制作好的玩教具，引导小朋友进行传统春节活动中的各角色扮演。

（6）拓展。

在幼儿园的语言区域，可以给幼儿提供有关过年的图画书、连环画等，并让幼儿回家后对家长讲述春节的由来。

（二）故事表演活动玩教具——我变了

1. 玩教具名称：我变了

2. 适宜班级：大班

3. 玩教具功能：

（1）帮助幼儿理解蚕宝宝的变化。

（2）根据蚕宝宝的变化，鼓励幼儿初步尝试表达。

（3）培养幼儿对蚕宝宝的喜爱之情。

4. 制作工具与材料：绿色卡纸、黄色卡纸、马克笔、纸巾、吸管等。

5. 制作技法与步骤：

（1）在绿色卡纸上画出桑叶并剪下，然后画出叶脉和蚕卵（图 7-121）。

（2）用餐巾纸揉成一根细长条，并画出蚕宝宝的头部和脚（图 7-122）；用纸巾揉成一个椭圆形状的蚕茧（图 7-123）。

（3）用黄色卡纸画出蝴蝶的形状并剪切下来，再用红色和白色的马克笔绘制细节（图 7-124）。

图 7-121 桑叶与蚕卵

图 7-122 桑叶与蚕

图 7-123 桑叶与茧

图 7-124 桑叶与蝴蝶

6.玩教具玩法：

（1）用讲故事的方法引出主题。

（2）演示蚕宝宝玩教具，帮助幼儿初步理解。

①提问幼儿，了解蚕宝宝的作用。

②展示实物，加深理解故事内容。

③幼儿讨论，大胆讲述探讨出的结果。

④教师帮助幼儿理清思路并进行总结。

（3）小朋友表演成长故事。

（4）借助故事情节引导幼儿知道自己身体变化的道理。

（三）朗诵活动玩教具——月亮爸爸

1.玩教具名称：月亮爸爸

2.适宜班级：中班

3.玩教具功能：

微课：月亮爸爸

（1）尝试用看图标和游戏的方法学儿歌。

（2）能安静地听老师朗读儿歌，愿意和老师一起朗读儿歌，并且能大胆地有节奏地集体朗读儿歌。

（3）培养幼儿对亲人的感情。

4.制作工具与材料：纸壳、彩纸、固体胶、剪刀、彩笔等。

5.制作技法与步骤：

（1）用彩纸和纸壳组合完成儿歌中的小鸟、青蛙、妈妈的角色造型。具体方法是先在手工纸上画出所需造型并剪下，然后依据剪下的形状裁剪纸壳，并将两者粘合在一起（图7-125~图7-127）。

图 7-125 小鸟　　　　图 7-126 青蛙　　　　图 7-127 妈妈

（2）按照同样的方法，用彩纸和纸壳组合完成儿歌中的爸爸、爷爷和奶奶的角色造型（图7-128~图7-130）。

图7-128 爸爸　　　　　　图7-129 爷爷　　　　　　图7-130 奶奶

（3）再按照同样的方法，用彩纸和纸壳组合完成儿歌中的宝宝、乌龟、荷包蛋的造型（图7-131~图7-133）。

图7-131 宝宝　　　　　　图7-132 乌龟　　　　　　图7-133 荷包蛋

6. 玩教具玩法：

（1）激发兴趣，引入主题。

一个新朋友（喜欢晚上出来，挂在天上，有时圆圆的，有时弯弯的），猜猜它是谁呀？

（2）结合图片，理解、学习儿歌。

①幼儿仔细听儿歌，并说出月亮上都住着谁。

②结合玩教具引导幼儿利用动作来理解儿歌，老师出示图片，并问他们出来干什么（利用动作帮助幼儿理解记忆）。

（3）用"躲猫猫"的游戏形式，巩固学习并掌握儿歌。

引导幼儿完整地说一说：月亮爸爸，里面住着妈妈，妈妈出去买菜（奶奶、小鸟、乌龟方法同上）。

（4）全体幼儿完整朗读儿歌。

（5）分组朗读。

小朋友们通过这首儿歌认识了一些家庭成员和小动物，放学回家后可以给爸爸妈妈读一读儿歌，也可以画出你们心目中的家庭成员或者是小动物，下次上课可以拿出来分享。

（四）角色扮演玩教具——我也要搭车

1. 玩教具名称：我也要搭车

2. 适宜班级：中班

3. 玩教具功能：

（1）让幼儿学会仔细观察，大胆地表达自己的想法。

（2）让幼儿了解搭乘公共汽车的规则，初步建立乘车安全的意识。

（3）让幼儿了解简单的数分配的概念。

4. 制作工具与材料：彩色卡纸、各色不织布、剪刀、胶水、快递盒、废纸等。

5. 制作技法与步骤：

（1）用不同颜色卡纸和不织布剪出想要的天鹅、羊、青蛙、松鼠的形状，组合粘贴在一起，并用笔写上天鹅、羊、青蛙、松鼠的名字作为卡片（图7-134~图7-137）。

图 7-134 天鹅　　　　　　　　图 7-135 羊

图 7-136 青蛙　　　　　　　图 7-137 松鼠

（2）用相应的有色卡纸制作出想要的狮子爷爷和其他小动物形象。并剪出小花、小草和车轮胎等装饰品的形状。取快递盒，将其表面粘贴上彩色卡纸，卷两个硬纸圆筒，粘贴在快递盒下方。将各类材料剪下粘贴到快递盒上，得到公交车成品（图 7-138、图 7-139）。

图 7-138 狮子　　　　　　　图 7-139 公交车

（3）组合得到教学中需要的场景图片（图 7-140）。

图 7-140 狮子公交车

6. 玩教具玩法：

（1）谈话导入，引发兴趣。

（出示狮子爷爷图片）这是谁？它旁边有一辆车，它想做什么呢？原来狮子爷爷做了一辆斑马车，它想带森林里的朋友去海边玩。

（2）出示各类动物角色玩教具，模仿动物间的对话，鼓励幼儿大胆清晰地描述动物的特征。

①青蛙上车（用一句话来告诉狮子爷爷：我要来搭车，我是小青蛙，我会蹦蹦跳跳）。

狮子爷爷定的规则：不可以车上乱跳。

②小羊上车，师：如果你是它，该怎样向狮子爷爷介绍自己呢？

狮子爷爷定的规则：不可以撞到别人。

③松鼠搭车，师：如果你是小松鼠，该怎样向狮子爷爷介绍自己呢？

狮子爷爷定的规则：一个个上车。

④天鹅搭车，师：如果你是天鹅，该怎样向狮子爷爷介绍自己呢？

狮子爷爷定的规则：别把脖子探出窗口。

（3）出示动物图片。请幼儿选择一个小动物，说出它的特点。

（4）小结：明白公共汽车的规则，学会自觉遵守规则。

任务五　幼儿艺术领域的玩教具制作

一　幼儿艺术领域的玩教具简介

幼儿期是人的艺术才能开始展现的时期，这一时期开展对幼儿的艺术教育活动往往能起到事半功倍的效果。艺术活动能够有效提升幼儿对自然、社会生活和艺术蕴含之美的感受、鉴赏、评价和创造的能力，培养健康的审美情趣、敏锐的审美认知意识，丰富幼儿情感，使孩子从小热爱生活、热爱艺术、热爱一切美好的事物。因此，艺术教育是促进孩子全面发展的重要手段和实现途径，在幼儿教育中占有极为重要的地位，是幼儿教育不可或缺的重要组成部分。

配合艺术活动的玩教具是指幼儿及幼儿教师在幼儿园艺术教育活动过程中所使用的玩教具，它是充满艺术趣味的玩具，是帮助幼儿开展艺术活动的重要媒介，也是艺术教育活动中教师的教具，承载着艺术教育的功能，能够引领幼儿在艺术活动中实现自我的发展。

二　幼儿艺术领域的玩教具制作范例

（一）声乐活动玩教具——小兔子乖乖

1.玩教具名称：小兔子乖乖

2.适宜班级：小班

3.玩教具功能：

（1）使幼儿了解小兔子和大灰狼的生活习性。

（2）使幼儿学会唱小兔子乖乖歌曲。

（3）使幼儿乐意参与音乐游戏，感受游戏的乐趣。

4.制作工具与材料：双面胶、铅笔、橡皮、彩色卡纸、剪刀、尺子、马克笔、纸盒、胶棒等。

5.制作技法与步骤：

（1）利用废弃纸箱的合适部位制作背景板，给背景板贴上用彩色卡纸剪切制作的太阳、蓝天、白云、栅栏和绿地（图7-141）。

（a）整理背景纸板　　　　　（b）成品

图7-141 制作背景板

（2）用有色卡纸制作好房屋、绿树、小兔子的形象，注意需要多个小兔子形象（图7-142）。

（3）用卡纸制作大灰狼，并放入背景中，调整细节并完成（图7-143）。

图7-142 背景雏形　　　　　图7-143 完整背景

6.玩教具玩法：

（1）老师讲述故事情节。

（2）进行角色表演，注意音乐中不同声音的体现。

①幼儿仔细听儿歌。

②结合玩教具引导幼儿利用动作来理解儿歌。

③请幼儿尝试看着图说儿歌。

（3）完整地朗读儿歌。

①全体幼儿完整朗读儿歌。

②分组朗读。

（4）配乐表演儿歌。

（二）打击乐活动玩教具——哆来咪

1. 玩教具名称：哆来咪

2. 适宜班级：中班

3. 玩教具功能：

（1）让幼儿初步感知音乐节奏，用筷子敲击罐头表现节奏。

（2）让幼儿根据两段不同的乐曲，尝试用玩教具进行演奏。

（3）让幼儿在音乐演奏中体验到音乐活动的乐趣。

4. 制作工具与材料：筷子、易拉罐、红绳、木棍、水、双面胶等。

5. 制作技法与步骤：

（1）木棍上面按相同的空隙贴上双面胶（图7-144）。

（2）截取七段长度依次减少的红绳，将红绳绑住易拉罐，做出高低分明的长度，将易拉罐按长短依次固定在木棍双面胶处（图7-145）。

（3）易拉罐里装入不同比例的水，利用水的多少调节每个易拉罐被敲时的音，教具完成（图7-146）。

图7-144 木棍贴胶   图7-145 固定易拉罐   图7-146 成品

6.玩教具玩法：

（1）开始部分：音乐播放《粉刷匠》，激发儿童兴趣。

（2）基本过程：

①小朋友们知道刚才老师放的是什么歌曲吗？

②粉刷匠手里有什么？是不是像我们喝饮料的罐头。

③老师敲击易拉罐，并介绍每个易拉罐发出的声音依次为"哆哆""来来""咪咪""发发""嗦嗦""拉拉""西西"。

④老师敲击罐头演奏《粉刷匠》。

⑤老师敲击罐头演奏《小星星》。

⑥请几个幼儿尝试自己敲出声音。

（3）活动结束。

小朋友们歌唱《小星星》离开教室。

（三）韵律活动玩教具——谢谢你

1.玩教具名称：谢谢你

2.适宜班级：大班

3.玩教具功能：

（1）使幼儿了解《谢谢你》歌曲的大概内容。

（2）让幼儿学唱《谢谢你》这首歌。

（3）让幼儿懂得感恩默默奉献的白衣天使。

4.制作工具与材料：有色卡纸、纸壳、剪刀、胶水、双面胶等。

5.制作技法与步骤：

（1）利用卡纸画出温度计、听诊器、注射器、药品等物品并剪切下来，用纸壳和卡纸组合制作出病历本和导诊卡片（图7-147～图7-149）。

图7-147 温度计　　　　图7-148 听诊器　　　　图7-149 导诊卡片

（2）把病历本、听诊器、温度计等进行组合放入纸盒中，并且可以增加一些医疗物品进行场景打造（图7-150）。

（3）在纸盒表面贴上白色卡片和红色卡片进行装饰，并在白色卡片上画出医生、病人等人物形象（图7-151、图7-152）。

图 7-150 医疗箱　　　　　　图 7-151 装饰医疗箱　　　　　图 7-152 成品

6. 玩教具玩法：

（1）借用玩教具进行情景导入。

①你们生过病吗？生病难不难受呢？生病了找谁帮忙？

②医生给我们看病，我们要对医生说什么？

③出示肚子痛、流鼻涕的图片，引导幼儿说出图片上的小朋友肚子痛、感冒了。出示医生图片，引导幼儿了解身体不舒服需要找医生看病，并且要学会感谢医生。

（2）学唱歌曲。

教师范唱后，带领幼儿一起演唱歌曲，并随音乐作表演动作。

（四）绘画活动玩教具——多彩的秋天

1. 玩教具名称：多彩的秋天

2. 适宜班级：小班

3. 玩教具功能：

（1）让幼儿认识秋天，了解秋天植物的颜色。

（2）让幼儿掌握拓印画的绘画过程，尝试用不同的树叶制作拓印画。

（3）提高幼儿探索大自然的兴趣，感受秋天色彩艺术创作带来的快乐。

4. 制作工具与材料：树叶、画纸、画笔、颜料、调色盘、纸巾、水彩笔。

5. 制作技法与步骤：

（1）准备材料，将树叶涂上颜色（图7-153、图7-154）。

图 7-153 材料　　　　　图 7-154 树叶涂色

（2）趁颜料未干之前，将树叶纹理拓印到画纸上（图 7-155）。

（3）按照以上方法，依次拓印多种不同树叶，再用油性笔适度绘画树干、树枝等细节（图 7-156）。

（4）调整画面并完善细节，完成作品（图 7-157）。

图 7-155 拓印树叶　　　　图 7-156 拓印并添加细节　　　　图 7-157 树叶拓印图

6. 玩教具玩法：

（1）提问导入，引起幼儿兴趣。

①一年有四个季节，小朋友们告诉老师，是哪几个季节呀？（温暖的春天，炎热的夏天，凉爽的秋天，寒冷的冬天。）

②今天老师教大家用树叶画秋天，你觉得秋天是什么颜色呢？

（2）展示拓印画和《多彩的秋天》PPT，播放相关儿歌。

①小朋友们，让我们一起听着儿歌去森林里看看秋天是什么颜色。

②教师引导幼儿学习拓印画。

③教师演示拓印画步骤并将步骤编成简单易记的儿歌。

④幼儿实践操作。

（3）幼儿展示作品，互相交流。

（4）带领幼儿到户外感受大自然。

让我们一起去教室外看看还有什么可以做拓印画的材料。

（五）手工活动玩教具——海底世界手工拼贴

1.玩教具名称：海底世界

2.适宜班级：大班

3.玩教具功能：

（1）使幼儿了解缤纷绚丽的海底世界，萌发对海底世界的探究兴趣。

（2）使幼儿尝试用剪、贴等不同表现形式和多种材料制作水母、小鱼等水生动物。

（3）使幼儿愿意与同伴合作制作海底世界。

4.制作工具与材料：各色水粉颜料、美工刀、纸盒、飘带、棉线、水粉笔等。

5.制作技法与步骤：

（1）将纸盒竖直放置并裁切掉侧面；在纸盒内部用颜料、水粉笔绘制大海色彩，制作出海底世界的背景底板（图7-158、图7-159）。

图7-158 处理纸盒　　　　　图7-159 绘制底色

（2）用有色卡纸切割、剪贴、折叠、绘制出海底的各种生物如海草、海马、海星、鲨鱼、水母、章鱼、螃蟹等；将纸盒上方打孔，穿入长短不一的棉线，用棉线将制作好的生物通过棉线悬挂在纸盒内部。再利用彩色卡纸制作出海浪、珊瑚等装饰元素，并粘贴在纸盒内，打造海底世界（图7-160～图7-162）。

图 7-160 剪贴海草　　　　　　图 7-161 悬挂绵线　　　　　　图 7-162 海底世界

6. 玩教具玩法：

（1）播放动画片导入海底世界，引发幼儿探索海洋的乐趣。

（2）结合海底世界玩教具，讨论并介绍各种海底生物及色彩。

课件展示一些海底世界常见的小鱼、水母等水生动物。

（3）动员幼儿参与到海底世界的打造中。

①介绍教具。

②出示小鱼制作步骤图，带领幼儿学习折纸技能。

③带领幼儿尝试运用画、剪、贴技能制作小海马。

④带领幼儿画出自己喜欢的海底动物，教师帮忙用剪刀剪下后，粘贴在海底世界。

（4）师幼共同合作创造海底世界。

带领幼儿将制作的小动物们粘贴在海底世界中，共同创造海底世界。

思考与练习

根据所学，制作幼儿健康、社会、科学、语言、艺术各个领域的玩教具各一种。

要求：造型生动美观，做工细腻精致，内容积极健康，作品感染力强。

后 记

　　手工制作是幼儿非常喜爱的学习内容，也是玩教具制作和幼儿园环境创设的主要表现形式；玩教具制作是实现幼儿园五大领域教育教学的重要投放材料方式和手段。手工与玩教具制作是由专业基础向专业应用领域拓展延伸的整合课程，是高职学前教育专业中的一门重要的专业必修课程，也是幼儿教师必备的专业技能和教学应用技能。因此，编者根据自身多年教学实践，并结合幼儿园教学特点，编撰了本教材。

　　本教材以《关于学前教育深化改革规范发展的若干意见》《幼儿园教育指导纲要（试行）》《幼儿园工作规程》为遵循，以习近平总书记关于职业教育工作和教材工作的重要指示批示精神为指导思想，以弘扬中国优秀民间手工艺术为引领，以手工制作和玩教具制作为主线，以手工教学及玩教具应用为核心，紧扣幼儿喜爱的纸造型、布造型、泥造型、自然材料造型、废旧材料造型、幼儿园玩教具制作等设定单元和任务，以学习目标、单元导航、情境导入进行切入，引导学生整体把握知识框架，进入课程情境；任务中将理论与范例结合，帮助学生全面理解和掌握玩教具制作方法；其中穿插包含"想一想""真题演练""思考与练习"，部分单元配备了直观的教学 PPT、教案、微课、幼儿园手工教学案例视频等线上教学资源，教材层级清晰，内容简洁明了，图文并茂，资源丰富，具有较强的科学性、规范性、创新性和实用性。

　　本教材是由湖南省学前教育学会组织省内优秀同行编写的。主编为永州师范高等专科学校曾新华、怀化师范高等专科学校何慧春、湖南幼儿师范高等专科学校谭芳，副主编为长沙幼儿师范高等专科学校陈郁、衡阳幼儿师范高等专科学校王会娟、湘南幼儿师范高等专科学校魏张燕、娄底幼儿师范高等专科学校唐爱群、永州道县机关幼儿园黄颂。参与编写人员分工如下：

　　单元一由唐爱群编写，单元二由魏张燕、曾新华、冷婷（永州师范高等专科学校）编写，单元三由谭芳、粟麟（湖南幼儿师范高等专科学校）编写，单元四由曾新华编写，单元五由陈郁、王艺伟（长沙幼儿师范高等专科学校）编写，单元六由王会娟、张泉瑾（永州师范高等专科学校）编写，单元七由何慧春、谢莹（怀化师范高等专科学校）编写，各幼儿园手工活动案例由黄颂园长及其教师团队根据教学实践整编。本教材经过编写团队多次修改，最后由曾新华统稿。

在编写本教材的过程中，我们参阅、借鉴了大量的文献资料，引用了一些相关网站上的图片，选用了道县示范幼儿园教师的一些手工教学案例。由于篇幅有限，未能一一说明，在此我们向引文、引图的作者表示诚挚的感谢！

由于编写时间仓促，虽多易其稿，但本教材中难免会存在一些疏漏之处，敬请各位专家及广大读者批评指正，以便日后修订完善。

编者

2023 年 7 月